イタリア史10講

北村暁夫
Akeo Kitamura

Eurus
Notus
Boreas
Zephyrus

岩波新書
1766

目次

目　次

オーストリア
ハンガリー
スイス
トレンティーノ=アルト・アディジェ州
フリウリ=ヴェネツィア・ジュリア州
ヴァッレ・ダオスタ州
ボルツァーノ
トレント
スロヴェニア
トリエステ
クロアチア
アオスタ
ロンバルディア州
ミラノ
ヴェーネト州
ヴェネツィア
フランス
トリノ
ピエモンテ州
ポー川
ボローニャ
エミリア・ロマーニャ州
ボスニア・ヘルツェゴヴィナ
ジェノヴァ
リグーリア州
サン・マリーノ共和国
フィレンツェ
アペニン山脈
アンコーナ
トスカーナ州
マルケ州
リグーリア海
ペルージャ
アブルッツォ州
ウンブリア州
コルシカ島(フランス)
ラクイラ
モリーゼ州
ラツィオ州
アドリア海
ローマ
ヴァチカン市国
プーリア州
バーリ
カンポバッソ
ナポリ
サルデーニャ州
カンパーニア州
ポテンツァ
バジリカータ州
ティレニア海
カリアリ
カラブリア州
カタンツァーロ
地中海
パレルモ
イオニア海
シチリア州
N
アルジェリア
チュニジア
0
200km

図版出典一覧

第1講扉，3-2，第4講扉，4-4，第5講扉，5-4，第6講扉，第7講扉，7-4，第8講扉，8-3……著者撮影・所蔵

1-1，3-1，6-3……北原敦編『イタリア史』17頁，185頁，313頁をもとに作成

1-2，1-3，1-4，第2講扉，2-2，第3講扉，4-2，第9講扉，9-2，9-3，9-4，第10講扉，10-1，10-2，10-3，10-4……Getty Images

2-1……La Rocca(ed.), *Italy in the Early Middle Ages*, map 1をもとに作成

2-3……『ヴァティカン図書館蔵本ファクシミリ版　カノッサのマティルダ伝』岩波書店，1986年

4-1……池上俊一『フィレンツェ』図2-1

4-5，4-6……ジュリオ・カルロ・アルガンほか(望月一史訳)『新編ウフィーツィ美術館』岩波書店，1997年，136頁，151頁

5-2……シャステル『ローマ劫掠』図15

6-1……ミア・チノッティ(森田義之訳)『カラヴァッジオ』岩波書店，1993年，114頁

6-2……wikimedia commons(Paris Orlando氏撮影)

8-4……Lewis Hine(1874-1940), New York Public Library Digital Collection

作図　前田茂実(巻頭地図，1-1，2-1，3-1，5-1，6-3，9-1)

第 *1* 講

諸文化と古代ローマ

黎明期〜4 世紀

コロッセウム(ローマ)

前 753	伝承によるローマ建国
前 451	十二表法制定
前 367	リキニウス・セクスティウス法制定
前 218	第 2 次ポエニ戦争(ハンニバル戦争)(～前 201)
前 133	ティベリウス・グラックスの改革
前 73	剣闘士スパルタクスの乱(～前 71)
前 44	カエサル暗殺される
前 27	オクタウィアヌス，元老院よりアウグストゥスの尊称を受ける(帝政の開始)
後 96	ネルウァ即位，五賢帝時代(～180)
212	アントニヌス勅法により，帝国内の全自由人にローマ市民権が与えられる
293	ディオクレティアヌス帝，帝国の四分統治制を開始
313	コンスタンティヌス帝，キリスト教公認
330	コンスタンティヌス帝，ビュザンティオンに遷都
392	テオドシウス帝，異教を全面禁止
395	テオドシウス帝没後，ローマ帝国の東西分裂
476	西ローマ帝国，最後の皇帝ロムルス・アウグストゥスが廃位される

私が描くその戦争とはすなわち、カルタゴ人がハンニバルの指揮下、ローマ国民と繰り広げた戦争である。……ほとんど武力以上にこの戦いを主導したのが憎悪であった。かたやローマ人は、敗者が身のほどを知らず勝者に戦争を仕掛けたことに怒り、かたやカルタゴ人は、敗者に傲慢で強欲な支配が押しつけられていると信じたため憤り、戦った。

——リウィウス『ローマ建国以来の歴史5　ハンニバル戦争(1)』(安井萠訳、京都大学学術出版会、二〇一四年、四頁。原著紀元前一世紀)

1　諸文化の到来と生成

「イタリア史」を語るということ

今日のイタリア共和国は、イタリア半島とシチリア島、サルデーニャ島から主に構成されている。総面積はほぼ三〇万平方キロメートルで、日本の五分の四ほどの大きさである。現在の人口は六〇〇〇万人あまりを数え、日本のおよそ半分である。

イタリア半島は、北はアルプス山脈、残りの三方向は地中海(厳密に言えば、西のリグーリア海とティレニア海、南のイオニア海、東のアドリア海)によって囲まれ、地図で見ると長靴の形をしていることがよく知られている。この地形のために、イタリアは自然国境によって他の国と隔てられていると説明されることがある。

しかしながら、峻嶮な山脈と広大な海によって囲まれているという自然環境は、ヨーロッパ・地中海の長い歴史の中で、この地域が外部勢力による侵入から守られることを全く保証しなかったし、この地域が一つの国家として存続することも全く保証しなかった。実際、イタリアは地域としての長い歴史とは対照的に、国家としては一九世紀半ば以降の一五〇年あまりの歴史しかなく、それ以前はその多くが外国出身の君主によって支配される複数の国家から構成されることが常態であった。イタリアの歴史においては、単一の国家によって統治される現在こそが、特異な状況であるとさえ言えるのである。

そもそも、山と海に囲まれているという自然環境が必然的に一つの国家をもたらすわけではないことは、ピレネー山脈と大西洋、地中海に囲まれて周囲から隔てられたイベリア半島に、スペインとポルトガルの二国が存在していることを見れば明白なことである。スペインにしても単一の国家になったのは一六世紀のことで、それ以前は複数の国家が存在していた。また、近年はカタルーニャ州の動きに示されるように、スペインからの分離独立を求める運動も存在している。

異なる国家、権力に帰属していた複数の地域が一つの国家に統合され、その後に再び分裂していった事例として、アドリア海をはさんでイタリアの対岸に位置する旧ユーゴスラヴィアを挙げることができる。この地域は一九世紀のナショナリズムの胎動の中で「南スラヴ人」としてのアイデンティティが形成され、第一次世界大戦後に一つの独立国家となったが、冷戦体制が崩壊すると間もなく内戦状態に陥り、六つの国家に解体されていった。

実際、ユーゴ紛争期の一九九〇年代には、イタリアでも地域主義・分離主義に基づく政党が躍進し、そのためイタリア解体の可能性を真剣に危惧する論調さえ存在していた。二一世紀に入ると、分離主義的な動きは下火になり、イタリアが複数の国家に分裂する危機は遠ざかった。だが、この国が辿ってきた歴史と周辺諸国の状況に鑑《かんが》みれば、将来にわたってイタリアが単独の国家であり続けると断言することは困難である。

そうしたことを考えると、「イタリア史」を一九世紀や二〇世紀前半の国民国家的な歴史観に基づいて語ることが、いかに不適切な振る舞いであるかがよく理解できる。「イタリア史」とは、イタリアという国家が形成される過程、イタリア人というネイションが形成される過程として理解されるべきではないし、一八世紀までの歴史はイタリア統一までの前史として理解されるべきではないのである。

そこで、本書では以下の二つの視点により、「イタリア史」を叙述することにしたい。

第一に、ヨーロッパ・地中海世界の歴史の一部として、イタリアの歴史を見るという視点である。地中海世界の中央に位置するイタリアは、古来よりさまざまな人間集団が行き交う場所であった。ある集団が外から入ってきて定住する一方で、別の集団が外に去っていくといった歴史を、古来より繰り返してきたのである。本書では、叙述の対象とする空間をイタリア半島とシチリア島、サルデーニャ島にほぼ限定しつつ、ヨーロッパ・地中海世界の興亡の歴史の一環として、イタリアの歴史を描いていくことにする。

第二に、イタリアを構成するさまざまな地域の多様性に着目して歴史を見るという視点である。山と海が織りなす複雑な地形に加え、比較的小規模な領域を支配する政治権力が多数存在してきたことにより、イタリアでは地域ごとの文化的な多様性が大きい。また、地域社会には必ず中核となる都市が存在し、都市が地域文化の形成に主導的な役割を果たしたことが、イタリアにおける大きな特徴であると言われる。そこで、都市を中心とした地域文化の形成と展開の過程を描くことにしたい。

黎明期のイタリア

イタリアには、少なくとも一万年近く前の旧石器時代に人間が居住していたことが知られている。その後、紀元前五千年紀に農業と牧畜が開始され、前二千年紀半ばには、青銅器を持ったインド・ヨーロッパ語族と考えられる集団がアルプス以北から南下し、ポー川下流域に居住してテッラマーレ文化圏を成立させた。

さらに、前一千年前後にインド・ヨーロッパ語系の集団が相次いで到来し、前九世紀には鉄器を持ったヴィッラノーヴァ文化を築いた。このインド・ヨーロッパ語系の集団は、次第に「イタリキ」と総称されるようになる。彼らは、ウンブリ（現在のウンブリア州近辺に居住、以下同じ）、サビニ（ラツィオ州）、サムニテス（カンパーニア州やアブルッツォ州）、ルカニ（バジリカータ州）、ブルッティ（カラブリア州）といった集団に分かれ、イタリア半島の中部から南部まで広い範囲に居住した。また、北東部にはウェネティ（ヴェーネト州）と呼ばれるイタリキの小集団が居住し、シチリア東部にはシクリという名のインド・ヨーロッパ語系の人々が居住していた。その音からも分かるように、彼らの集団名のいくつかはイタリアの地域名称の語源となった。

1-1　古代のイタリア半島

　他方で、同時期のイタリアには、非インド・ヨーロッパ語系の諸集団も居住していた。北西部のリグリ（リグーリア州）やシチリアのシカニ(島中部)、エリュミ(島西部)といった人々である。こうした非インド・ヨーロッパ語系の集団の中で、最も有力な集団が、半島中部を中心に居住した「エトルスキ」である。

エトルスキ　エトルスキは、ギリシア文字で書かれたエトルスキ語文書を残しているものの、その言語は未解明であるため民族系統が不明であり、いずこに起源があるのか明らかになっていない謎の多い集団である。近年の研究では、イタリアの地でさまざまな集団が混交して一つの集団を形成するに至ったとする説が有力になっている。

1-2　エトルスキ文化の彫刻「婚約者たちの石棺」(チェルヴェーテリ，紀元前6世紀頃．ローマ，ヴィッラ・ジュリア国立博物館)

彼らは前八世紀に台頭し、前七世紀から前五世紀にかけて、現在のトスカーナ州を中心に、北はポー川流域から南はラツィオ州、カンパーニア州の一部まで、広範な地域を支配下においた。その支配は統一国家によるものではなく、中核となる都市の連合体という形をとった。勢力を拡大するとともに周辺の諸集団と干戈《かんか》を交えることが増え、前四世紀以降は台頭するローマに支配領域を奪われていく。前三世紀はじめにはローマに完全に従属するようになった。

エトルスキを支配した貴族たちは、土地経営やギリシア本土との交易を通じて富を蓄積し、豊かな文化を育んでいった。エトルスキ文化は、壁画や彫刻、青銅の工芸品、陶器といった分野で高い技術を用いた作品を生み出していった。また、建築技術にも秀で、貴族の一族を埋葬する大規模な墳墓を建設した。中心都市であったカエレ（現在のラツィオ州北部チェルヴェーテリ）やタルクィニ（同じくタルクィニア）などには、こうした墳墓が数十の規模で集まる「墳墓都市（ネクロポリス）」が作られ、今日でもその遺構を見ることができる。彫刻や壁画、建築技術といった彼らの優れた文化は、ローマに受け継がれていくことになる。

南イタリアのギリシア人による植民

南イタリアには、前八世紀からギリシア人が移住し、植民都市を形成していった。彼らが定住して植民都市を作った地域は、のちに「マグナ・グラエキア」（ラテン語で「大きなギリシア」）と呼ばれることになる。最初の植民都市は、ギリシアのポリスの一つであるカルキスの人々が作ったキュメ（現在のカンパーニア州ナポリ近郊）であるとされる。

ギリシア人が建設した植民都市の中には、キュメやメタポンティオン（現在のバジリカータ州ポテンツァ県）、ナクソス（シチリア州メッシーナ県）のように、のちに放棄されて現在は遺跡が残っているだけのものもあるが、今日でも繁栄している都市も多い。カルキスが建設したレギオン（カラブリア州レッジョ・カラブリア）やザンクレ（前五世紀に「メッサナ」と改称、現在のシチリア州メッシーナ）、カタネ（シチリア州カターニア）、スパルタが建設したタラス（プーリア州ターラント）、アカイア人が建設したクロトン（カラブリア州クロトーネ）、コリントスが建設したシュラクサイ（シチリア州シラクーザ）などである。また、カルキスによって前八世紀に建設されたパルテノペは、前六世紀末に隣接する場所に再建され、「ネアポリス」（ギリシア語で「新しい都市」）として発展を遂げた。今日のナポリである。

ギリシア人は自らの出身地である母市と南イタリアとの間を頻繁に行き来して交易を行うとともに、貨幣や文字をはじめとするギリシア文化をこの地に伝えた。前六世紀にアナトリア半島に近いサモス島に生まれ、流浪の末にクロトンやメタポンティオンで学派を形成したピュタゴラスや、前三世紀にシュラクサイで活躍したアルキメデスは、イタリアの地に生きたギリシア人である。

イタリアの古代はローマの歴史として理解されがちであるが、エトルスキ、ギリシアの文化が残した影響は大きく、その重要性は中世以降においてもたびたび強調されてきた。たとえば、一九世紀初頭に、トスカーナ出身のジュゼッペ・ミカーリは『ローマ人が支配する以前のイタリア』という書物を出版し、エトルスキやギリシアの文化がローマに比べて優越していたことを指摘して、当時の知的世界に強い影響を与えた。イタリキの諸集団を含め、ローマ支配に先立つ諸集団が刻んできた歴史は、イタリアの地域アイデンティティの形成において不可欠な要素となっていることを忘れてはならない。

2　ローマの拡大

都市国家ローマ

ローマは、イタリキの一集団であるラテン人が定住したことに起源を持つと考えられる。当初は農業と牧畜を中心とする小集落であった。前七五三年にロムルスによって建国されたとする伝承はよく知られるが、この時期に政治的に統一された共同体が存在していたことを示す証拠はない。ただ、ある時期から都市化が進み、王政が成立したことは確かである。また、伝承によれば歴代の王の中にエトルスキ出身者がいたとされるが、そうした王が実在したかどうかは別として、エトルスキの文化に影響を受けたことは確認できる。

ローマにおいて王政が打倒され、共和政が始まったのは前六世紀末のことであるとされる。王に代わって軍事と政治を指導したのが、一年任期による二人の「執政官（コンスル）」である。この役職は、ローマ市民の総会であるケントゥリア民会で選出された。

ケントゥリアとは、王政期に導入されたと伝えられる制度で、市民を財産に応じて等級分けするものである。まず市民のうち最富裕層が騎兵として一八の百人隊（ケントゥリア）に分属させられ、残る大多数は歩兵として五つの等級（クラッシス）に分けられたうえで、各等級に属する百人隊に分属させられた。また、歩兵として従軍するだけの財産を持たない者は、「等級以下」として扱われた。市民は所属する等級に応じて武装と従軍の義務を負うとともに、部隊ごとに一票が割り当てられ、民会の投票単位とされた。それゆえ、ケントゥリア制とは、軍事と政治の二つの性格を併せ持つものであった。

だが、コンスルをはじめとする公職や神官職が「パトリキ」と呼ばれる貴族層に独占され、パトリキの高位公職経験者によって構成される元老院も重要な役割を担っていたため、中小の自営農民や外部からローマ市への新規移住者などから構成される「プレプス（平民）」と呼ばれた人々の不満が高まった。共和政初期の歴史は、このパトリキとプレプスの対立と、プレプスによる権利獲得という構図で描かれることが一般的である。

プレプスは前五世紀初めに、平民から選出される複数の護民官と彼らが主宰する平民会の設置をパトリキに認めさせた。次いで、前五世紀半ばには、それまでの慣習法を成文化した十二表法を制定させ、パトリキによる恣意的な法の運用に歯止めをかけた。また、前三六七年には、二人の護民官リキニウスとセクスティウスの提案による法が制定され、コンスルのうち一人をプレプスから選出することや、貧窮化したプレプスが負った借財の軽減化を図る措置などが定められた。さらに、前二八七年にはホルテンシウス法が制定され、平民会の決議が法と同等の効力を持つとされ、ケントゥリア民会に代わって平民会が主要な立法機関となった。

こうした一連の法の制定により、パトリキとプレブスとの対立は解消され、両者の政治的・社会的な融合が進むことになった。だが、それは後に「ノビレス」と呼ばれる、新たな支配階級の創出をもたらすことになる。

ところで、こうした政治闘争は、ローマの中心に位置するカピトリヌスの丘に隣接するローマ広場（フォルム・ローマーヌム）が主戦場であった。そこはもともと神殿が立ち並ぶ宗教的な場所であったが、民会や元老院会議も行われるようになり、さらには商業施設も多く立ち並んでいた。このフォルムは、政治的・経済的・宗教的・文化的なローマの中心として、帝政期にいたるまで機能することになる。

ローマの拡大と半島征服

ローマはすでに前六世紀末から、近隣のエトルスキ都市や他のラテン人都市と勢力争いを繰り広げていた。前四世紀はじめには、長年にわたって戦火を交えたエトルスキの有力都市ウェイイを打ち破り、この都市を滅ぼす。その結果、ローマのエトルスキに対する優位が確立された。

だが、それからほどなく、ポー川を渡って南下してきたガリア人に敗北し、一時ローマを占拠される事態に見舞われる。ガリア人は現在のフランスを中心に居住していたインド・ヨーロッパ語族のケルト系の人々で、その一部は早い段階からイタリア北西部に定住していた。彼らがこの前四世紀はじめに突然南下をはじめ、ローマを急襲したのである。しかし、間もなくローマ人は都市を奪回することに成功し、中部イタリアにおける有力都市としての地位を取り戻した。一時的にせよ都市を失うという忌まわしい記憶は、ローマ人の脳裏に深く刻まれることになる。

前四世紀後半には、自らが盟主となっていたラテン同盟の諸都市が反旗を翻してラテン戦争となるが、ローマはこの戦いに勝利し、ラティウム地方(現在のラツィオ州にほぼ相当)を支配下に置いた。次いで、山間部に居住するイタリキの一派サムニテスと三度にわたる戦争を行い、苦戦の末、前三世紀初めに勝利を収めて、中部イタリアを傘下にいれた。この戦争のさなかには、ネアポリス方面との通交を円滑にする目的でアッピア街道が整備されている。

さらに、ローマは南イタリアへの拡大を企てる。前三世紀初めの南イタリアでは、タラスが有力であった。ローマの進出を恐れるタラスは、ギリシア本土エペイロス地方を治めるピュロス王に支援を要請したため、南イタリアを舞台にローマとピュロスの軍が激しい戦いを繰り広げることになった。双方に大きな損害を出しつつ戦況は一進一退を繰り返したが、ピュロスの関心が地中海の他の地域に移っていったこともあり、結果的にローマはピュロス軍を南イタリアから排除することに成功し、タラスはローマへの降伏を余儀なくされた。この結果、前二七〇年代はじめには、ローマは半島南部も自らの傘下に収めた。こうして、ローマは、ポー川流域から半島南部まで、イタリア半島の大半を支配下に置いたのである。

ローマは初期には征服した都市を滅ぼすこともあったが、ラテン戦争以降は都市を温存したまま支配し、それぞれの都市に対してはローマとの関係に応じてさまざまな待遇を与えた。すなわち、ローマ市民として権利を与える場合や、参政権以外の市民権を与える場合、建前上は対等の関係である友好都市として、市民権を付与しない場合などである。いずれの場合も、戦時にはローマに軍事協力をすることが義務付けられた。こうした分割統治を行うことで、都市同士が連携してローマに反旗を翻すことを回避すると同時に、軍事力の確保を図ったのである。

ポエニ戦争と地中海帝国の形成

イタリア半島の大半を支配したローマにとって、次の係争の地となったのはシチリアである。シチリアでは、前六世紀からフェニキア人によって北アフリカに築かれた植民都市カルタゴが勢力を拡大し、次第にギリシア人の植民都市を支配下に置くようになっていた。前三世紀半ば、当時メッサナを占領していた傭兵団に対し、シュラクサイの僭主が攻撃を仕掛け、それに対して傭兵団がローマとカルタゴの双方に援軍を要請した。それをきっかけとして、ローマとシュラクサイ・カルタゴ連合軍との戦争が始まった。第一次ポエニ戦争（前二六四―前二四一）である。「ポエニ」とはフェニキア人のラテン語名である。

二〇年あまりにわたる激しい攻防の末、ローマはカルタゴに勝利した。その結果、ローマはシチリアの支配権を獲得し、この島を「プラエトル（法務官）による管轄」を意味する「プロウィンキア（属州）」とした。

だが、第一次ポエニ戦争時に活躍したカルタゴの将軍の子として、ローマへの復讐を糧に成人したハンニバルによって、再び両者の間に戦闘の火ぶたが切っておとされる。ハンニバル戦争とも呼ばれる第二次ポエニ戦争（前二一八―前二〇一）である。

戦争の発端は、カルタゴが南端部を支配していたヒスパニア（イベリア半島）であった。ハンニバルの軍勢はピレネー山脈、アルプス山脈を象とともに越え、前二一六年には南イタリアのアドリア海に近いカンナエでローマ軍を打ち破った。この戦いで六万とも七万ともいわれる戦死者を出したローマは窮地に陥るが、ファビウス・マクシムスの指導のもと、粘り強くカルタゴの疲弊を待ち、その間にイベリア半島とシチリア方面で態勢を立て直した。戦場に斃れた父の後任として送り込まれた若き将軍スキピオはヒスパニアを制圧したのち、華々しく帰国し、異例の若さでコンスルに就任する。彼の打ち出したアフリカ上陸計画は反発を招いたものの、自ら訓練した新兵らとともにカルタゴ本国に向かい、ザマの戦い（前二〇二）に勝利して、カルタゴを降伏させた。

この間、ローマは東地中海のマケドニア王国にも介入した。この王国はアレクサンドロス大王の後継であるアンティゴノス朝が支配していたが、ハンニバル戦争中はカルタゴと同盟関係にあった。ローマとマケドニアとの間では、前二一五年以降、四度にわたる戦争が行われた（マケドニア戦争）。前一四八年にローマの最終的勝利で戦争は終結し、その後まもなくマケドニアはローマの属州となった。

　第四次マケドニア戦争と同時期に、ローマはカルタゴの滅亡を画策して、第三次ポエニ戦争（前一四九―前一四六）を起こした。ローマ軍を率いるスキピオ（ハンニバル戦争時の（大）スキピオと区別するために「小スキピオ」とも称される）は、戦闘に勝利したのちに、都市カルタゴを徹底的に破壊した。カルタゴもまた属州アフリカとしてローマに編入された。

　さらに、ローマはギリシア本土に対しても攻撃の矛先を向けた。ギリシア本土のペロポネソス半島には、前三世紀はじめに都市同盟であるアカイア同盟が再建されていたが、ローマは前二世紀初頭に事実上、この地域を服属させていた。前二世紀半ばにアカイア同盟が反旗を翻すと、ローマはこれを鎮圧し、前一四六年に同盟を解体して属州とした。

　こうしてローマは、この間に属州としたサルディニア（サルデーニャ）、コルシカ、ヒスパニアを含め、地中海の広範な地域を支配下に置くこととなった。ローマは地中海の「帝国」に成長したのである。

ローマ社会の変質と内乱の時代

相次ぐ戦争と支配領域の急速な拡大により、ローマ社会は大きく変容していくことになる。重装歩兵としてローマ軍の主力を構成していた中小農民層は、長期にわたる従軍のために没落し、富裕層の経営する土地の小作人となるか、もしくは都市に流出した。

他方で、富裕な市民たちは没落した農民の土地を集積し、相次ぐ戦争によって征服地から送られてくる大量の奴隷に依拠して農業経営を行い、さらに富裕化していった。のちにラティフンディアと呼ばれるようになる大土地所有の形成である。ローマは、貧富の差の際立つ深刻な格差社会になっていった。貧困化した市民たちは不満を募らせ、重装歩兵を担う社会層の没落はローマの軍事力を弱体化させる危険をはらんでいた。

こうした状況に対して、民衆の支持を受けて格差を是正するための改革を断行しようとしたのが、名門貴族の出身であるティベリウス・グラックスとガイウス・グラックスの兄弟であった。兄のティベリウスは、前一三三年に護民官として、富裕層が公有地において占有する余剰の土地を返還させ、それを貧困化した市民に分配する法律を成立させ、分配事業に着手する。しかし、事業を進めるために護民官の再選を目指したことで元老院の怒りを買い、暴徒らによって殺害された。弟のガイウスは、兄から一〇年遅れて護民官となり、同盟市へのローマ市民権の付与など、兄よりもさらに急進的かつ包括的な政策を提案したが、彼もまた改革を嫌う勢力によって死へと追いやられた。

その後、ローマは北アフリカのヌミディア王ユグルタによるローマ属州への侵入に対する戦い(ユグルタ戦争、前一一一―前一〇五)、北イタリアに侵入した北方出身の集団との戦い(キンブリ・テウトニ戦争、前一一三―前一〇一)という二つの戦争を相次いで行い、兵力不足に由来する軍事力の弱体化を図らずも露呈することになった。そこで、護民官、法務官を経て、コンスル職を得たマリウス(前一五七―前八六)は、無産市民に武装させて軍団に組み込むという兵制改革を行い、ローマを勝利に導いた。この兵制改革によって、ローマの軍事力は確かに強化されたが、その一方で、兵士たちが自らの属する軍の指揮官と直接的な人間関係で結ばれ、軍が指揮官の私兵化するという弊害をもたらすことにもなった。

軍事力の再強化にもかかわらず、戦乱はやまなかった。差別的な待遇に不満を募らせていたイタリアの同盟都市は、前九一年に蜂起し、同盟市戦争(前九一―前八八)に突入する。戦争を終結させるために、ローマはイタリアのすべての自由人にローマ市民権を与えるという措置をとった。その後も、黒海南岸のポントス王国のミトリダテス六世との三次におよぶ戦争(ミトリダテス戦争、前八九―前六三)やヒスパニアにおけるセルトリウスの反乱(前八〇―前七二)、そして、イタリア全土に波及した剣闘士スパルタクスを指導者とする奴隷反乱(前七三―前七一)と、戦争と反乱が頻発する、混乱した時代状況にあった。

三頭政治の展開

前七〇年、ミトリダテス戦争で功績を挙げたポンペイウスとスパルタクスの乱を鎮圧したクラッススの二人が、コンスルに選出された。彼らは元老院の弱体化を図るが、元老院による抵抗にあった。そこで、彼らにわずかに遅れて頭角をあらわした平民派のカエサル（前一〇〇―前四四）を誘い、前六〇年に元老院に対抗するための三者による同盟を非公式に作った。いわゆる第一回三頭政治の成立である。

カエサルはコンスルとしての任期を終えると、前五八年にガリア総督の地位に就き、その後八年間という異例の長さでその地位にとどまり、ガリアの征服事業に勤しんだ。ガリア全土を属州とすることに成功したカエサルは、ローマでの名声を高めた。

カエサルのガリア総督在任中に、カエサルと同様に領土獲得によって名声を高めることを目論んだクラッススは、東方のパルティアとの戦いで戦死した。三頭の一人を欠き、カエサルの名声に直面したポンペイウスは危機感を抱き、元老院と接近することでカエサルの排除を図った。

一方で、ガリア総督としての任期切れを目前にしたカエサルは、帰国後に一介の私人となることを避けるために、選挙への立候補を模索するが、ポンペイウス派との妥協は成立しなかった。結局、彼はガリアから戻り、前四九年に冬営地のラヴェンナからルビコン川を越え、軍勢を率いてローマに向かう。ポンペイウスと元老院はローマでの対決を避けてギリシアに向かったため、カエサルは戦わずしてローマの権力を奪取した。その後、ギリシア本土でポンペイウス軍を破り、ポンペイウスはエジプトに逃れるがそこで殺害された。

カエサルは独裁官の地位に任命され、退役兵や貧困者を救済するために彼らを植民市に送り出す事業や、太陰暦から太陽暦（ユリウス暦）への変更といった政策を矢継ぎ早に打ち出す。だが、独裁官の任期が終身とされ、カエサルが独裁者になることを恐れる声は日増しに高まり、ついに彼は前四四年に暗殺されてしまう。

カエサル没後の混乱を収めたのは、彼の腹心であったアントニウスとレピドゥス、そしてカエサルの姪の子で、のちに養子となるオクタウィアヌス（前六三―後一四）の三人であった。彼らは前四三年に政治同盟を結び（第二回三頭政治）、カエサルを暗殺したブルトゥスやカッシウスらを打倒した。

だが、共通の敵を倒したのち、レピドゥスが最高神官職を残して他の職から辞すると、アントニウスとオクタウィアヌスとの対立が深まっていく。ついに前三二年、オクタウィアヌスは、今やアントニウスを意のままにしているプトレマイオス朝エジプトの女王クレオパトラに対して宣戦する。

翌年にギリシア・イオニア海のアクティウム沖の海戦で、オクタウィアヌスの軍は勝利し、エジプトに逃れたアントニウスは自殺した。また、クレオパトラもその後に自殺したことにより、プトレマイオス朝は滅亡し、ローマはエジプトを属州とした。ミトリダテス戦争中に属州としたシリアとあわせ、ローマは東地中海の全域も支配下におさめることになった。

こうして一〇〇年あまりに及ぶ内乱の時代は終結し、ローマは新しい時代を迎えることになった。

3　帝政期のイタリア

共和政から帝政へ

強大な権力を握ったオクタウィアヌスは、表向きは独裁的な振る舞いを控え、元老院とも協調する姿勢を見せた。元老院は前二七年に、「尊厳なる者」を意味する「アウグストゥス」という尊称を彼に与えた。この時点をもって、ローマは共和政から帝政に移行したとするのが一般的である。ただし、アウグストゥス自身は自らの立場を専制的な君主としてではなく、「ローマ市民の第一人者(プリンケプス)」と位置づけていたため、この体制はしばしば「元首政(プリンキパトゥス)」と呼ばれる。彼が護民官職権を重視し、その後の皇帝たちも毎年更新される護民官職権の回数をもって皇帝在位年数を示すという慣習を踏襲したことも、この体制のあり方を象徴的に示している。

アウグストゥスは、政策面では職業的な常備軍を設置し、貧困層の流入により人口の増大するローマの食糧供給を確保するために、穀物供給長官職を設置したほか、盛大な祭典の挙行や記念碑の設置を進めて、体制に対する市民の支持を得ることに腐心した。ローマのマルスの野に設置された「アラ・パキス(平和の祭壇)」は、彼の時代に造られた重要な記念碑の一つである。また、アウグストゥスの友人マエケナス(企業などによる文化・芸術活動の支援活動を意味する「メセナ」の語源となった)の庇護のもとに、ホラティウスやウェルギリウスといった詩人が活躍し、アウグストゥス本人の庇護を受けたリウィウスはローマ建国以来の歴史を綴った。

アウグストゥス没後、帝位はクラウディウス家出身のティベリウスによって継承され、以来、ユリウス家もしくはクラウディウス家に連なる者が皇帝となった。皇帝の地位は必ずしも安定したものではなく、特にネロ帝は元老院や軍団と対立し、不必要な粛清を繰り返した。ローマに建設した豪華な「ドムス・アウレア(黄金宮殿)」も人々の怒りを買うばかりで、結局、彼は自殺に追い込まれた。

その後、前の皇帝たちとは血縁関係のないフラウィウス家の皇帝が三代続き(ウェスパシアヌス帝・ティトゥス帝・ドミティアヌス帝)、比較的安定した統治が行われた。この時期に、ローマでは「ティトゥスの凱旋門」やネロ帝の黄金宮殿の跡地に建設された円形闘技場(コロッセウム)、マルスの野の競技場(現在のナヴォーナ広場)などが造られた。しかし、ドミティアヌス帝は次第に専制的な傾向を示すようになり、元老院の反感を買って九六年に暗殺されるという最期を遂げている。

一世紀にはローマ帝国は全土で五〇〇〇万人ともいわれる人口を抱え、とりわけローマは一〇〇万人もの人口を擁する巨大都市となっていた。その多くは周辺・他地域から流入する貧困層であり、皇帝はこうした人々に対して食糧のみならず娯楽を提供することで自らの支配の維持を図った。しばしば「パンとサーカス」と呼ばれるものである。ローマのコロッセウムも、娯楽提供の場として建設されたものであった。

円形闘技場は、公共浴場や凱旋門などとともに、ローマ文化を象徴するものとして、帝国内の多くの都市に造られた。こうした施設はしばしば、その地域の富裕な有力者による寄贈という形で建設された。ここでも、これらの公共施設・記念碑は支配の象徴であると同時に、有力者が自らの支配を維持するための役割を担ったのである。もっとも、これは帝国都市全般に該当することであり、イタリアの都市に特徴的なものであるわけではないことには、留意する必要がある。

五賢帝時代

ドミティアヌス帝が暗殺されたのち、元老院によって皇帝に指名されたネルウァから、トラヤヌス、ハドリアヌス、アントニヌス・ピウス、マルクス・アウレリウスと続く五人の皇帝の時代は、ローマ帝国の最盛期として「五賢帝時代」(九六―一八〇)としばしば呼ばれる。

一八世紀に『ローマ帝国衰亡史』を著したイギリスの歴史家エドワード・ギボンは、彼らの間に血縁関係がなく、養子縁組によって皇帝として相応しい資質を持った人物が相次いで即位したことに着目し、「人類が経験した中で最も幸福な時代」であると高く評価した。この時期のローマ帝国が相対的に安定した時代であったことは確かであるが、少なくとも血縁関係にない皇帝が相次いで即位したことに関しては、たまたま彼らに男子後継者がいなかったからであるという理解が、近年の研究では強調されている。

1-3　パンテオン(ローマ)

トラヤヌス帝は、ドナウ川北方を征服して属州ダキア(現在のルーマニア)を設立したほか、東方のパルティアとも戦火を交えるなどして、ローマ帝国史上、最大の版図を形成した。その一方で、ローマ市においては、手狭になったフォルムに隣接して新しいフォルムを作り、大規模な市場を設置したり、ダキアに対する戦勝記念の巨大な記念柱を建てたりするなどの配慮を行った。

続くハドリアヌス帝も、ローマやその周辺での建設事業に熱心であった。一世紀に創建された建物を再建した神殿パンテオン（建設当時の姿を今日まで残している建物としてはローマ最古とされる）や、ティベリス（テーヴェレ）河岸に建設した自らの霊廟（マウソレウム、現在のサンタンジェロ城）、郊外のティブルティナ（現在のティヴォリ近郊）に創建した豪華な別邸（ウィラ、現在のヴィッラ・アドリアーナ）などである。

とはいえ、五賢帝時代に、ローマやイタリアが帝国において占める地位は、確実に低下していった。トラヤヌスやハドリアヌスは祖先がイタリア出身であるとはいえ属州（ヒスパニア）の生まれであった。また、アントニヌス・ピウスのように、一度もイタリアを離れることがなかった皇帝もいたが、ハドリアヌスやマルクス・アウレリウスは帝国の版図を守るために、さまざまな属州で視察や遠征を行うことに忙殺され、ローマで過ごす時間は少なかったのである。マルクス・アウレリウスが実子のコンモドゥスを皇帝に据え、そのコンモドゥスが暗殺された二世紀末から、ローマ帝国は混乱の時代に突入する。

三世紀の危機

コンモドゥス暗殺後に起きた皇帝位をめぐる混乱を収めて一九三年に即位したセウエルス帝は、北アフリカ出身で属州パンノニア（現在のハンガリー付近）の総督を務めていた人物であった。彼は、イタリアを属州と同じ地位に引き下げ、イタリア住民の所有地に対する免税特権を剝奪した。

その後継者である実子のアントニヌス（俗称カラカラ）は、二一二年にアントニヌス勅法を出し、帝国内の全自由人にローマ市民権を与えた。これは市民に課される相続税をはじめとする諸税を帝国内から広く徴収し、税収を増大させる意図があったとされるが、ともかく、こうした一連の施策によって、帝国に占めるイタリアの地位が急激に低下したことは否定できない。

セウェルス以降、しばらくの間は彼の家系に連なる人物が皇帝となるが、その後、二三五年から二八四年までの間は、属州の軍団が独自に皇帝を擁立し、複数の皇帝が並び立つことが頻発する混乱した状況にあった。しばしば「軍人皇帝の時代」と呼ばれるものである。この間に、正統な即位を認められるだけで、実に二六人もの皇帝が登場している。

軍人出身の皇帝が乱立したのは、北方から侵入するゲルマン諸族や東方において勢力を拡大するササン朝ペルシアといった外敵への対応に追われるようになったことが大きく影響している。軍事征服によって版図の拡大を続けた帝国は、ついに版図を防衛する局面を迎えることになったのである。

帝国統治において軍事の占める重要性が高まる一方で、それまで皇帝を輩出してきた元老院は軍事的には無力であった。そもそもローマをはじめ、イタリアは軍事的にはきわめて軽装備であり、兵力も限定されていた。軍事力が政治的権力の担保となる状況のもとで、軍団の主力が属州、とりわけその辺境地帯に置かれている限り、元老院はなす術を持たず、そのことが野放図な皇帝の林立を許すことになった。

こうして、ローマ帝国は三世紀に危機の時代を迎えた。イタリアに関する限り、危機はそれほど深刻なものではなかったとする説もあるが、すでに北イタリアではゲルマン諸族が侵入するようになっていた。二七〇年代前半に、アウレリアヌス帝の命によりローマ市に築かれた巨大な壁は、外敵の侵入に対する危機意識の表れであった。イタリアでも確実に危機は深まりつつあったのである。

征服戦争の時代が終焉したことにより、属州から奴隷が大量に供給されることはなくなった。奴隷は家族を持つことによる人口の再生産が期待できないため、大規模な農園では解放された奴隷や貧困化した自営農民を小作人(コロヌス)として雇用する、小作制(コロナートゥス)が次第に広まっていった。属州からの物産の流入もあり、イタリアにおける経済活動は縮小する傾向にあった。

ローマ帝国の東西分裂

二八四年、バルカン半島の属州ダルマティア(ダルマツィア、現在のクロアチア)出身のディオクレティアヌスが皇帝に即位した。下層の生まれながら、軍人として成り上がった人物である。彼は即位ののち、皇帝を二人体制にしたうえで、帝国を東西に分割し、それぞれに正帝と副帝を置いて統治領域を分担する「テトラルキア(四分統治制)」を導入した。分裂傾向にあった帝国を統治するための、現実主義的な対応であった。

彼は官僚制の整備と財政再建を進める一方で、皇帝としての自らの権威を高め、官僚制に依拠する専制支配を強化していった。それゆえ、彼以後の体制は、それまでの元首政に代わって、「専制君主政（ドミナトゥス）」と呼ばれるのが一般的である。

ディオクレティアヌス帝時代、イタリアは西の正帝マクシミアヌスの統治下に置かれた。彼はメディオラヌム（現在のミラノ）を拠点とした。三〇五年に彼がディオクレティアヌス帝とともに退位すると、後継に指名されなかったことを不満とするマクシミアヌスの子マクセンティウスは、特権の喪失に不満を募らせていた親衛隊とローマ市民によって皇帝に推戴される。彼は第一正帝からの認知を得られなかったものの、その軍事力によりイタリアを支配下に置き、さらにヒスパニアやアフリカにまで進出した。

これに対し、ディオクレティアヌス帝時代に西の副帝を務めのちに正帝となったコンスタンティウスの子コンスタンティヌスも、父の後継として西の正帝の地位を主張した。彼は三〇八年に西の新正帝リキニウスによって副帝に指名されると、三一二年にはイタリアに侵入し、ローマの北郊外のティベリス川にかかるミルウィウス（ミルヴィオ）橋での戦いでマクセンティウスの軍隊を壊滅させ、ディオクレティアヌス帝退位後の混乱状況に終止符を打った。

1-4　コンスタンティヌス像（ローマ，カピトリーノ美術館）

正式に西の正帝となったコンスタンティヌスは、父も皇帝であったとはいえ、ディオクレティアヌス帝と同じくバルカン半島(属州の上モエシア、現在のセルビア)の生まれであり、軍人出身であった。彼は三一三年にリキニウスと連名でミラノ勅令を出してキリスト教を公認し、コロヌスの移動を禁止して土地に縛り付けた。また、リキニウスとの内戦に勝利して彼を排除し、三二四年にはテトラルキアを撤廃して独裁的な地位を築いた。そして、三三〇年には、ギリシア人の植民都市ビュザンティオンに隣接した場所に新都コンスタンティノポリスを建設し、ローマから遷都した。ローマ帝国におけるイタリアの地位低下を決定づける出来事であった。

その後しばらくは、コンスタンティヌスの家系が続くが、それが途絶えると再び混乱の時代が訪れた。皇帝たちの居所はミラノやラヴェンナといった北イタリアが中心となり、中南部の都市部はローマも含め、人口が減少していった。

三九五年にテオドシウス帝が没すると、帝国は二人の子によって分割統治されることになった。以後、東西の帝国が統一されることはなかった。西ローマ帝国は、ホノリウスに委ねられる。彼は四〇一年に、ラヴェンナを正式な首都とした。ラヴェンナにはその後、ガッラ・プラキディア霊廟やサン・ヴィターレ教会といった壮麗なモザイク画に彩られた建築物が創建されていった。

帝国に占めるイタリアの地位が低下し続けるなかで、帝国そのものが消滅する時が迫りつつあった。

キリスト教の普及と発展

イタリアにおけるキリスト教の伝播に関しては、ローマを中心に居住していたユダヤ教徒の間に最初に伝えられた可能性が高い。ネロ帝時代の六四年に起きたローマの大火ののちに、多くのキリスト教徒が放火の罪を着せられて処刑されたことはよく知られている。使徒のペトロとパウロも、この時期に殉教したと考えられている。

二世紀に入っても、一般市民の間にはキリスト教徒に対する忌避感、差別感情は根強く存在していた。だが、その一方で、都市部の中下層市民を中心に、徐々に信徒を獲得していった。とりわけ、ペトロとパウロの殉教の地であるローマは、キリスト教徒にとっての精神的な中心地になっていく。ローマ教会は東方のキリスト教諸教会と密接な関係を維持しながら、教義の洗練を図っていった。彼らの厳しい倫理観と道徳の実践は、教会という共同体の発展に大きく寄与したとされている。

キリスト教の信徒が増大していくなかで、皇帝たちの対応も次第に分かれていった。脅威とみて迫害する皇帝もいれば、自らの権力基盤の強化のためにキリスト教徒を利用しようと考える皇帝もいた。四世紀初頭のディオクレティアヌス帝の時期には、大規模な迫害も起きている。これに対し、コンスタンティヌス帝は、前述のように三一三年にミラノ勅令を出し、宗教の自由を認めるという形でキリスト教を公認し、迫害をやめさせた。

その後も、皇帝によるキリスト教保護の姿勢が次第に強くなり、ミラノ司教アンブロシウスの進言により、皇帝が元老院議場に置かれていた勝利の女神の祭壇を撤去するといった事態も起きている。三九二年、テオドシウス帝は伝統的なローマの多神教をはじめとする諸宗教を禁止し、ここにキリスト教は事実上、ローマ帝国の国教の地位を得たのである。

第 *2* 講

三つの世界の狭間で

5 世紀〜11 世紀

サン・ヴィターレ教会のモザイク画（ラヴェンナ）

535	ユスティニアヌス帝下の東ローマ帝国軍，シチリアとローマを占領
568	ランゴバルド人のアルボイーノ王，北イタリアを占領しランゴバルド王国建国
756	フランク王ピピン，ラヴェンナ総督領を教皇に寄進
800	フランク王カール，ローマで教皇レオ3世から皇帝として戴冠される
831	アグラブ朝，パレルモを占領
870	メルセン条約が結ばれる
962	ザクセン朝オットー1世，ローマで教皇ヨハネス12世から皇帝として戴冠される
1030	ノルマン人傭兵隊長レイヌルフ，アヴェルサ伯となる
1071	ノルマン人グイスカルドゥスがバーリを占領し，ビザンツ帝国は南イタリアの領土を失う
1077	カノッサの屈辱

ランゴバルドの民が、今すぐに他の民族に征服されることはあり得ない。というのも、別の地方から来た女王が、洗礼者聖ヨハンネスの教会堂をランゴバルドの国内に建設したからであり、このために聖ヨハンネス御自身が、絶え間なくランゴバルドのために介入しているのだ。しかし、この聖堂が蔑ろにされるときが来るだろう。そのとき、この民族は滅びる。

――パウルス・ディアコヌス『ランゴバルドの歴史』(日向太郎訳、知泉書館、二〇一六年、一四九頁。原著八世紀末)

1　西ローマ帝国の崩壊と外来勢力の侵入

古代末期をめぐる論争

これまでの研究では、ゲルマン人の侵入と西ローマ帝国の崩壊をもって、古典古代が終焉し中世が始まるととらえることが一般的であった。しかし、近年、こうした理解に異を唱え、古代末期、すなわち古典古代から中世への移行期は、おおよそ紀元二〇〇年から八〇〇年頃までの長期におよび、それ自体が独自の活力を持った時代であって、古典古代が衰退したとか、没落したといった認識は適切ではないとする主張が出されるようになった。この説に対しては、西ローマ帝国の末期に衰退の兆候は確かに存在するのであり、西ローマ帝国がゲルマン人の侵入によって崩壊したことは明らかであるとする反論も根強く、論争は決着をみていない。

以上はヨーロッパ・地中海世界全体を見渡しての論争であるが、イタリア半島とシチリアに限定してみるならば、西ローマ帝国末期から衰退の道を歩んでおり、西ローマ帝国において最後の皇帝がゲルマン人らの圧力によって廃位された四七六年以降、その傾向に拍車がかかったことは確かであると言える。帝国の崩壊により、イタリアは領土的な一体性を失い、無数の小領域へと破砕された。

もっとも、政治的な観点から見れば、この地域が弱体化し、外部の諸勢力による介入は容易になったものの、その一方で、地域ごとの多様性に富む、豊かな文化を生み出す契機となったと言えるのかもしれない。

ゲルマン人の侵入

ゲルマン諸族は三世紀以降、イタリア半島に侵入するようになった。五世紀に入ると、その勢いは加速する。西ゴートのアラリック王はたびたびイタリアに侵入し、四一〇年にはローマに入城して略奪を行った。ヴァンダルのガイセリック王は、南下してイベリア半島経由で北アフリカに入り、そこで支配者となったのちにシチリア、さらにイタリア半島に兵を進め、四五五年にローマを略奪した。東ゴートのテオドリック王は、東ローマ(ビザンツ)帝国の意向を受けてイタリアに侵入し、四九三年にラヴェンナを首都とする東ゴート王国を建国している。また、ゲルマン人ではないが、アジア系遊牧民であるフンのアッティラも五世紀半ばにイタリア半島に侵入した。一連の諸族の侵入により、ローマ市は混乱状態に陥り、人口が激減した。

もっとも、彼らは常に侵略者であったわけではなく、傭兵として帝国を防衛する側にも立った。西ローマ軍を率いてアラリック軍と戦ったヴァンダル出身のスティリコは、その一例である。また、ゲルマン人の軍隊は単一の部族集団から構成されていたわけではなく、出自を異にする多様な人々から構成されていた。彼らは統率力に秀でた王に指揮されてイタリアに侵入したが、いずれもイタリアで安定した支配を築くことができず、比較的長い期間北イタリアを支配した東ゴートの場合も、テオドリックが没してしばらくのちに内紛が勃発した。

この内紛に乗じ、ビザンツ帝国のユスティニアヌス帝(在位五二七―五六五)は、失われたローマ帝国の領土の回復を目指して、イタリア半島に勢力を拡大した。彼は五五〇年代半ばまでに東ゴートを滅ぼし、イタリア全土をビザンツ帝国領に組み込むことに成功する。だが、住民が服属しない都市も多く、ユスティニアヌスが企図した帝政時代の諸制度の復活は果たせなかった。

ビザンツによるイタリア支配を打破し、半島の広範な地域を支配することになったのが、ゲ

2-1　ランゴバルド人の支配地域

ルマン諸族の一派であるランゴバルド人である。

ランゴバルド人の支配

ランゴバルド人はスカンディナヴィアの出自であるとも言われ、ゲルマン諸族の移動にともなって南下し、イタリア半島に侵入した。五六八年にアルボイーノ王が北イタリアを占領し、現在のロンバルディア州パヴィーアに都を置くランゴバルド王国を樹立した。イタリアに侵入したランゴバルド人はおよそ三〇万人と推定され、その一部はさらに南下してビザンツ軍と戦った。その結果、半島の中南部にスポレート公領やベネヴェント公領といった領土を築いた。

ランゴバルド人は、イタリア半島の三分の二に及ぶ地域を支配した。もっとも、ラヴェンナからローマにかけての帯状の地域をビザンツから奪うことはできなかったため、スポレート公領やベネヴェント公領はランゴバルド王国の飛び地となり、北の王国と中南部の二つの公領はそれぞれ自立した政治体となった。

ランゴバルド王国の繁栄の時代を築いた七世紀のロターリ王のもとでは、最初の部族法であるロターリ法典がラテン語で作成された。ランゴバルド人は定着することにより、イタリアの既存の文化に自らを融合させていった。

2　イタリア王国

フランク王国とイタリア

フランク人は史料の上では三世紀に出現し、四世紀にはローマ帝国領内に侵入して、帝国軍人も輩出するようになった。メロヴィング家のクローヴィスは、カトリックに改宗して勢力を拡大し、五〇六年に西ゴート軍を破って、現在のフランスを中心にフランク王国を築いた。

その後、この王国の力はいったん衰えるが、カロリング家のピピンが八世紀半ばに王位を簒奪すると勢いを取り戻し、七五四年にはイタリア半島に兵を進めてランゴバルドに勝利する。ピピンはラヴェンナ総督領（図2-1参照）を教皇に寄進し、これが教皇領の起源となった。

なお、この時期に、四世紀初頭のローマ皇帝コンスタンティヌスがローマ教皇に対して西ローマの統治権を委ねたとする偽書が作成された。この「コンスタンティヌスの寄進状」は、カトリック教会による世俗支配の根拠を示すために作成されたとも言われるが、一五世紀までは真正の書状として認識されることになった。

イタリア王国の成立

七七一年、ピピンの子カールがフランク国王の座に就いた。ランゴバルドがローマ教皇領に侵入し、ローマ教皇がカールに支援を求めると、カールはイタリアに兵を進め、ランゴバルド王国を征服して、「フランク人とランゴバルド人の王」を称するようになった。さらに、息子のピピンを「イタリア王国」の国王に任命する。その支配領域は旧ランゴバルド王国領に加え、中部のスポレート公領を含んでいた。

その後の一連の対外戦争で王国領土を一挙に拡大したカールは、八〇〇年のクリスマスの日にローマにおいて教皇レオ三世(在位七九五―八一六)から皇帝として戴冠される。カールはこの出来事を通して、「西におけるローマ帝国」が復興されたという意識を当時の人々に与えようとした。

こうして大帝(シャルルマーニュ)となったカールが八一四年に亡くなると、帝国はその子ルートヴィヒ一世に受け継がれた。だが、ルートヴィヒの没後、帝国は分裂状態に陥り、八四三年に結ばれたヴェルダン条約で、彼の長子ロタールを国王とするイタリア北中部を含む中部フランク王国と、ルートヴィヒ二世の東フランク王国、シャルルの西フランク王国に三分割された。さらに、八七〇年にはメルセン条約が結ばれ、イタリア北中部（「イタリア王国」）を除く中部帝国の領土が東フランクと西フランクによって分割された。今日のイタリア・ドイツ・フランスの基本的な境界は、この二つの条約によって形成されたと理解されるのが一般的である。

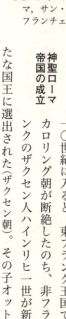

ただし、「イタリア王国」の実質的な領域は北中部に限定され、南イタリアはその外にあったことに留意する必要がある。「イタリア王国」の実態は、その名にふさわしからぬ中途半端なものでしかなかったのである。

2-2 シャルルマーニュ像（ローマ，サン・ルイージ・デイ・フランチェージ教会）

しかも、イタリア王国では八七五年に、ロタールの子で国王の称号をもつロドヴィーコが正式な後継者を持たずに没した。その後は東フランクと西フランクの諸勢力が、イタリア王国の支配と皇帝位の継承を目指して、イタリア半島に頻繁に介入することになった。

神聖ローマ帝国の成立

一〇世紀に入ると、東フランク王国でカロリング朝が断絶したのち、非フランクのザクセン人ハインリヒ一世が新たな国王に選出された（ザクセン朝）。その子オットー一世は、九五一年にイタリア遠征を行い、パヴィーアを攻略してイタリア国王を称した。ついで九六二年に二度目の遠征に乗り出し、ローマで教皇ヨハネス一二世(在位九五五—九六四)から「皇帝」の冠を授けられた。これ以後、東フランクの国王が連続して「皇帝位」に就くこととなる。これをもって「神聖ローマ帝国」が成立したとされるが、この名称が正式に用いられるようになるのは一三世紀のことである。「神聖ローマ帝国」とは、「ローマ帝国の復興」がキリスト教徒たる「神聖な皇帝」によって成し遂げられるという理念を体現した名称であった。

オットー一世以後の皇帝たちは、東フランク(ドイツ)とイタリアとを一体的に支配することに固執した。オットー一世の子オットー二世は、南イタリアをイタリア王国に併合すべく遠征を行ったが、九八二年、カラブリアでムスリム軍に大敗を喫した。また、その子オットー三世は九九六年にローマで皇帝に戴冠されたのち、ローマを恒久的な都にすることを企図したが、教皇権を否定したためにローマ住民の反感を買い、ローマから追放される憂き目にあった。結局、オットー三世の後継者ハインリヒ二世は、支配の拠点をローマからドイツ地域に移すことになった。

一〇二四年にハインリヒ二世が後嗣を残さずに没し、ザクセン朝は断絶した。東フランクでコンラート(ザリエル朝コンラート二世)が王位に就くと、彼は間もなくミラノでイタリア国王に、ついでローマで皇帝に戴冠され、イタリア北中部の支配を継承した。だが、在地の諸侯や経済的な成長を遂げ始めた諸都市と神聖ローマ皇帝との関係は、このあと次第に複雑で錯綜したものになっていく。

3　三つの世界の狭間

イタリアの北中部には、脆弱な支配体制であったとはいえ、まがりなりにもイタリア王国という一つの政治体が存在したが、南イタリアの状況はより複雑であった。そこではラテン語化・カトリック化したゲルマン諸族、ビザンツ帝国、イスラーム勢力がそれぞれに覇を競いあっていた。言い換えれば、イタリア南部とシチリアはこれら三つの世界の境界領域として、三者が時には激しく争い、時には手を結びながら、密接に接触する状況にあったのである。

ビザンツ帝国による支配

七世紀末の時点でビザンツ帝国が支配していたのは、北中部ではヴェネツィアとラヴェンナ総督領、南部ではナポリ周辺、プーリアとカラブリアの南端部、そしてシチリアであった。南部における支配の中心地はシチリアであり、そこでは当時のビザンツ帝国において主流の地方行政制度となっていたテマ制が導入された。これは、ローマ帝国の属州で採用されていた民政と軍政を分離する制度とは異なり、軍団の司令官が軍政と民政を兼務し、自由農民を兵士として徴用することにより、外敵の侵入に素早く対応することを意図した制度である。

しかし、八世紀に入ると、ヴェネツィアが自立化したのに加え、ランゴバルド王国によってラヴェンナ総督領を奪われ、その後ランゴバルドとの戦いに勝利したフランク王国がこの地域を教皇に寄進したことで、ビザンツはイタリアの北中部の領土をすべて失ってしまう。ついで九世紀に入ると、伸張するイスラーム勢力によって、ビザンツによるシチリア支配は崩されていき、一〇世紀初頭には最後の拠点も失われた。

その一方で、ランゴバルド王国がフランクによって征服された混乱に乗じて、プーリアとカラブリアにおける支配領域を拡大することに成功した。その結果、テマ制の拠点はカラブリアに置かれることになった。ビザンツ帝国によるこの地域の支配は、後述するノルマン朝によって征服される一一世紀末まで続いた。

ビザンツ帝国に支配された地域、とりわけシチリアやカラブリアには、ビザンツ帝国領内から多くのギリシア語話者が移住し、ギリシアの古典文化が継承された。また、正十字のプランと丸いドームで特徴づけられるビザンツ様式の教会が作られていった。

イスラーム勢力の到来

七世紀初頭にアラビア半島で成立したイスラーム教は、同世紀の半ばに樹立されたウマイヤ朝のもとで東西に拡大し、西方では北アフリカを勢力下に置いた。九世紀前半になると、チュニジアを拠点とするアグラブ朝がシチリア島、とりわけその西部地域への侵入を開始する。シチリア西部の中心都市パレルモでは一年に及ぶ攻防戦の末、ムスリム勢力が勝利して征服した。また、同じ時期に半島南部のプーリアの一部もムスリムの支配下に置かれることになった。

その後、シチリア島では東部はキリスト教徒が多数を維持したのに対し、パレルモ周辺ではムスリム人口が増大し、イスラーム化が進行した。パレルモも九世紀前半の攻防戦直後にはいったん荒廃したが、ムスリム支配のもとで都市の再開発が行われ、一〇世紀半ばには地中海世界でも有数の繁栄した商業都市に変貌を遂げていった。都市内部には、美しい庭園や豪奢な邸宅、数多くのモスクが建設された。また、ムスリムは東方から稲やサトウキビ、オレンジ、ピスタチオなど、それまでイタリアでは知られていなかった作物をもたらし、さらには進んだ灌漑技術を導入した。

イスラーム勢力によるシチリアや半島南部に対する支配は、一一世紀後半にノルマン人によってこの地域が征服されたことで終焉を迎える。この際に、多数のムスリムがシチリアや半島南部から脱出したが、現地にとどまったムスリムたちはその後に形成されたノルマン王国の発展に貢献することになる。

ベネヴェント公領とノルマン人の登場

六世紀にランゴバルド人がイタリアに侵入した際に、南イタリアではランゴバルド系のベネヴェント公領が作られたことは既に述べた。これは北イタリアにイタリア王国が建設される過程で自立化していく。ベネヴェント公領は八世紀から九世紀前半にかけて半島南部の大半を支配する力を持ったが、相続をめぐる争いから分裂し、九世紀半ば以降はベネヴェント侯領、サレルノ侯領、カプア侯領の三つがランゴバルド系の権力として並び立つことになった。その後は、有力な公（侯）が出現すると勢力を拡大するが、その人物が没すると縮小するという歴史を繰り返した。

こうしたランゴバルド系諸国家の支配に終止符を打ったのが、新たにイタリアに登場したノルマン人である。

ノルマン人はゲルマン人の一派であり、「ノルマン」とは「北方人」を意味する。その名のとおりスカンディナヴィア半島やデンマークを出自とし、八世紀にこの地域で王権が形成されると、小首長らが住民を率いて船で南下し、各地で交易と略奪を繰り返した。その活動範囲はきわめて広く、アイスランド、グリーンランドから北米にまで達した。また、ロシアでのノヴゴロド公国やフランスでのノルマンディ公国の建設、さらにはブリテン島の征服（ノルマン征服）など、ヨーロッパ各地で新たな征服者として重要な役割を果たした。

ノルマンディ公国出身のノルマン人が南イタリアに数多く到来するようになったのは、一一世紀のことである。一〇一八年に、ビザンツ支配に対し独立を求めるランゴバルド系の貴族が反乱を起こしたが、その際に独立派に与《くみ》してノルマン人兵士が傭兵として雇用されたことが一つのきっかけであった。その後、ノルマン人傭兵隊長レイヌルフがナポリに近いアヴェルサに領地を得てアヴェルサ伯となると、ここを拠点として南イタリア各地に進出した。

彼らはローマ教皇と結ぶことによって、南イタリアにおける支配を確立させていく。プーリア伯となったノルマン人グイスカルドゥスは一〇六〇年にカラブリアを征服し、さらに一〇七一年にプーリアの中心都市バーリを占領して、南イタリアにおけるビザンツ支配を終焉に導いた。また、翌年にはグイスカルドゥスの弟ロゲリウスがパレルモを征服し、この地域のイスラーム支配を終わらせた。ここに、シチリアと半島南部(とくにプーリア、カラブリア)におけるノルマン人の覇権が確立したのである。

シチリア伯となったロゲリウス(ルッジェーロ一世)はこの地に独特な支配のシステムを築くことになるが、それは次講で述べる。

4　カトリック教会の発展

ローマ教会とビザンツ支配

西ローマ帝国がゲルマン人らの侵入により混乱するなかで、首都としての地位を失ったローマの人口は数万人の規模にまで減少していった。そのなかで、ローマ教会がこの都市に占める重要性は格段に大きくなっていった。その長であるローマ司教（教皇）は、五世紀以降、市内のサン・ジョヴァンニ・イン・ラテラーノ大聖堂を居所として典礼を司り、ローマとその周辺に対する影響力を強めていった。

その後、六世紀末にランゴバルド人がローマ付近まで侵入すると、教皇グレゴリウス一世（在位五九〇―六〇四）はランゴバルド国王と直接交渉し、ローマの自立を守った。彼は、ブリテン島をはじめ西ヨーロッパの諸地域にキリスト教を普及させる活動に取り組んだことでも知られる。

八世紀前半には、ビザンツ皇帝レオン三世がローマ教会に対して、聖画像の禁止と破壊（イコノクラスム）を命じた。これに対し、教皇グレゴリウス二世（在位七一五―七三一）は聖画像が布教に有効であると認識し、この命令に敢然と反対した。両者が激しく対立するなかで、七三三年に半島南部のカラブリアとシチリアは、教皇の管轄区域からコンスタンティノープルの大司教区に移管されることとなった。

ローマ教会とフランク王国・神聖ローマ帝国

南イタリアのビザンツ支配地域における管轄権を失ったローマ教会に、さらなる試練が襲う。ランゴバルド人がラヴェンナ総督領に侵入し、ラヴェンナを奪ったうえ、ローマに迫ったのである。教皇はフランク王国に支援を求めることで、この窮地を脱することになる。既に述べたように、ランゴバルドを打ち破ったフランク王国のピピンは、ラヴェンナ総督領を教皇に寄進した。ここに、ローマ教会と世俗権力との密接な提携関係が築かれた。

一〇世紀にオットー一世が登場すると、ローマ教会は世俗権力に対する従属を強めていくことになる。教皇が皇帝の召集した教会会議の場で廃位されたり、二人の教皇が並び立ったりする状況さえ生じたのである。他方で、東フランク（ドイツ）国王が神聖ローマ皇帝・イタリア王となることが常態化したことで、ローマ教会とドイツ地域の教会との関係は密接なものになっていった。

聖職叙任権闘争

一〇世紀には、フランスのブルゴーニュ地方で創建されたベネディクト派のクリュニー修道院をはじめとして、改革派の修道院の創設が相次いだ。この運動は、一一世紀に入ると、教会組織の堕落を批判する活動へと発展していく。堕落の象徴として俎上にのせられたのが、聖職者の妻帯（ニコライズム）と聖職売買（シモニア）という慣習であった。

一〇七三年に改革派の旗手として教皇に選出されたグレゴリウス七世（在位一〇七三―八五）は、こうした慣習を風紀の乱れとみなして戒めるとともに、俗人（とりわけ皇帝）が司教や修道院長の任命権（叙任権）を行使することを禁止する方針を打ち出した。ローマ教会が皇帝権力に従属する状況を真っ向から否定するこの方針に対して、当初は教会改革を支援していた皇帝側は強い反発を示し、教皇の廃位を画策した。

2-3　カノッサの屈辱（ヴァチカン図書館蔵『カノッサのマティルダ伝』より）

両者の争いは、一〇七六年のグレゴリウス七世による皇帝ハインリヒ四世の破門と廃位の宣告という事態に至る。支援を期待していたドイツ諸侯が廃位を認めたため、追い詰められた皇帝は、教皇と懇意であったカノッサ女伯マティルデの居城カノッサ（現在のエミリア・ロマーニャ州）に滞在していたグレゴリウス七世のもとに赴く。三日にわたり裸足で城門の前に現れ、教皇に赦免を懇願することで、ようやく破門を解除されたという。いわゆる「カノッサの屈辱」である。

その後、ハインリヒ四世が教皇の廃位を再度画策して反撃を試みるなど、事態は一筋縄には進行しなかったものの、この出来事は、これまで皇帝権力に従属していたローマ教会および教皇が、時には皇帝権力を脅かすほどの権威と権力をもった存在となったことを示すものであった。

第3講

南北のイタリア

中世盛期 12世紀〜14世紀

ノルマン王宮内のパラティーナ礼拝堂(パレルモ)

1130	ルッジェーロ 2 世，教皇からシチリア国王の地位を認められる
1158	ロンカリア帝国議会で都市による公権力の行使が否定される
1167	ロンバルディア同盟成立
1183	コンスタンツの和約
1202	第 4 回十字軍(～1204)
1220	フリードリヒ 2 世，ローマで皇帝として戴冠される
1266	シャルル・ダンジュー，シチリア国王となる
1277	ヴィスコンティ家，ミラノのシニョーレになる
1282	シチリアの晩禱
1284	メローリアの海戦でジェノヴァがピサを破る
1303	アナーニ事件
1309	アヴィニョン教皇庁の時代が始まる(～1377)
1347	ペストの大流行が始まる(～1348)
1378	教会大分裂が始まる(～1417)
1395	ジャン＝ガレアッツォ・ヴィスコンティ，ミラノ公位獲得

いまや神の怒りが解き放たれ、ペストによって人間どもの不正をあまねく罰そうとしている。だがフィレンツェ市から逃げ出した連中は、神の怒りの対象はあくまで市内に留まる連中であって、自分たちが落ち延びる先までは追い駆けてこない、とでも思っていたようです。というかあの市中では誰も生き残れまい、フィレンツェの最後の時が来た、と皆思い込んでおりました。

——ジョヴァンニ・ボッカッチョ『デカメロン』(平川祐弘訳、河出書房新社、二〇一二年、二六頁。原著一三五〇年頃)

1　都市国家の発展——北イタリア

都市の発展

一一世紀末に起きた聖職叙任権闘争により、皇帝が都市支配のために任命した司教に対する住民の不服従の動きは強まり、都市の有力者層(「都市貴族」と総称される)が実権を掌握するようになる。事実上、自治を行っていた都市には、住民による政治共同体である「コムーネ」が成立した。「コムーネ」とは、共通、共同といった意味をもつイタリア語である。

都市は周辺の農村部を服属させて、食糧や労働力を供給させ、流通網を確保した。そうした周辺の農村部は、カロリング期イタリア王国の時代に地方行政官である伯(コメス)が管理下においた伯管区(コミタートゥス)に由来して、イタリア語で「コンタード」と呼ばれた。今日のイタリア語で農民を意味する「コンタディーノ」は、この「コンタード」から派生したものである。

都市が周辺の農村部を征服して支配し、徴税権や裁判権、役人の任命権といった公権力を行使するという点が、中世ヨーロッパのなかでも特異な北イタリアの特徴であった。ただし、都市が自立性を獲得し、周辺の農村部を支配下に置く過程は都市によって様々であり、都市の成立について過度な一般化をすることは慎まなければならない。

コムーネが成立した一一世紀末から一二世紀の段階で、その運営を担っていたのは「コンソリ」と呼ばれる人々である。この言葉は、古代ローマの共和政時代の「コンスル(執政官)」に由来している。人数は都市によって異なり、二人から二〇人程度までの幅があった。

軍事的な伝統を持つ家系の出身者である彼らは、男系を中心とした親族集団ごとに結束し、都市支配の実権をめぐって互いに争った。彼らは家門の権威と富を示す象徴として、塔を建てた。塔が市内のあちらこちらに林立した都市も多く、サン・ジミニャーノなどいくつかの都市では今日でもその名残を見ることができる。

都市同盟と都市内部の抗争

コムーネは皇帝権の弱体化にともなって成立したが、皇帝権力の立て直しが図られると、コムーネが徴税権や裁判権といった公権力を行使していることは、皇帝の権利の侵害であるとみなされるようになった。ホーエンシュタウフェン朝の神聖ローマ皇帝フリードリヒ一世は、一一五八年に現在のエミリア・ロマーニャ州ピアチェンツァ近郊のロンカリアにおいて帝国議会を開催し、コムーネによる公権力の行使を禁止した。さらに一一六二年には、皇帝軍は反皇帝の立場を最も鮮明にしていたミラノに侵入して都市を破壊した。

これに対し、北イタリアの諸都市は連携し、一一六七年にロンバルディア同盟を結成した。ロンバルディアという名称を冠しているものの、この地域に限定されず、西はピエモンテから東はヴェーネト、南はエミリア・ロマーニャに至る広範な地域の諸都市が参加するものであった。一一七六年、皇帝軍と都市同盟軍はミラノ近郊のレニャーノで激突し、都市同盟軍が勝利を収めた。一一八三年には両者の間でコンスタンツの和約が成立し、同盟都市は皇帝の高権を認める代わりに、皇帝は都市に自治を認めた。

かくして、レニャーノの戦いは今日に至るまで、都市と地域社会の自治・自由を守るための象徴とみなされている。たとえば、一九世紀半ばには、ジュゼッペ・ヴェルディ（一八一三―一九〇一）が『レニャーノの戦い』と題するオペラを作曲している。

だが、神聖ローマ皇帝による介入は、もともと都市内部に存在していた党派対立を助長することになった。一つの党派が皇帝を支持すると、それと対立する党派は対抗上、ローマ教皇と密接に連携していく。それぞれの党派は他の都市の同じ党派と連携し、一つの都市の枠を越えた広域なネットワークを形成していった。一三世紀半ば以降、二つの党派は「グェルフィ(教皇派)」と「ギベッリーニ(皇帝派)」と呼ばれるようになる。

ただ、政治情勢の変化に伴いそれぞれの党派の立場も変化し、グェルフィが教皇支持派、ギベッリーニが皇帝支持派という意味は薄まっていった。したがって、この二つは都市内部で対立する党派を識別するための象徴的な名称と考えるのが適切である。

都市支配の変容

一三世紀に入ると、多くの都市で、それまでのコンソリによる集団指導体制から、一人の執政官が統治の責任を負うポデスタ制への移行が起きた。「ポデスタ」はラテン語で権力を意味するポテスタスに由来し、ほとんどの場合、他の都市から招聘され、有給の行政官として、比較的短期間、職務を遂行した人物を指す。

集団指導体制から特定の人物、しかも外部の出身者に統治を委ねるようになる過程には、都市内部の対立があまりにも激しいために中立的な統治者が必要になった場合や、都市が緊急事態に直面し、それに効率的に対処するために単独の統治者が必要になった場合など、様々な事情が存在した。いずれにせよ、外部の出身者に短期間だけ委ねるという点に、この制度の本質があった。ポデスタ職には、出身都市でも高い政治的・社会的地位にある家系の出身者が就くことが一般的であり、しばしば諸都市を渡り歩いてポデスタ職を歴任した。

ポデスタ職が登場するのとほぼ同じ時期に、都市内部では「ポーポロ(平民)」と呼ばれる集団が力を持つようになった。ポーポロは平民といっても下層の人々を指すのではなく、社会的上昇を遂げたことによって中小土地所有者や職人、商人になった人々のことである。

彼らは自らの評議会を持ち、「カピターノ・デル・ポーポロ」(「カピターノ」は代表の意、英語のキャプテン)と呼ばれる指導者を押し立てることもあった。こうした新興の社会集団が、より古い時期から都市の支配層として君臨していた都市貴族たちと対立して、都市支配をめぐる争いを繰り広げたのである。

商工業の発達が不十分で、ポーポロの台頭が見られなかった都市も存在するが、多くの都市で一三世紀前半には、両者の対立が激化していく。その中で、都市ごとに新たな支配体制が築かれていった。一つのパターンは、都市貴族層の分裂に乗じて、ポーポロ内部の有力者たちが旧来の支配層を政治の中枢から排除し、共和政を維持したまま寡頭制的な支配を行うものである。

もう一つのパターンが、都市の全権を「シニョーレ」と呼ばれる一人の人物に委ねるものである(シニョリーア制)。これは一見するとポデスタ制と似ていて、実際にポデスタがシニョー

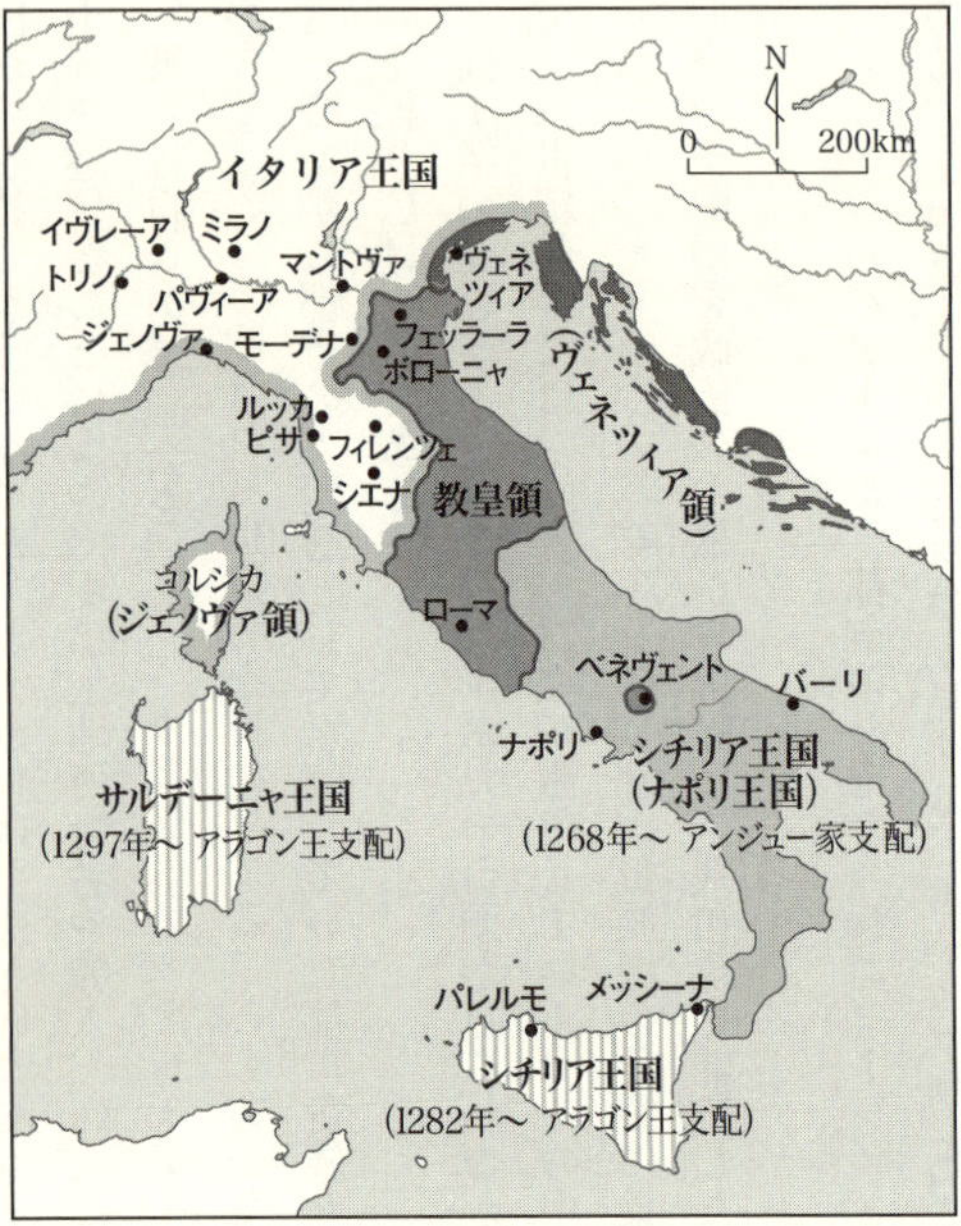

3-1　13世紀末のイタリア

レに転化した事例も見られるが、制度としての違いは、シニョーレが長期にわたり都市を支配し、時にはその地位を世襲化させていった点にある。一三世紀後半には北イタリアの多くの都市で、このシニョリーア制が定着していくようになった。

一四世紀に入ると、シニョリーア制のもとで比較的安定して強大な権力が形成された都市は、周辺の都市と同盟関係を結んだり、相対的に力の弱い都市を吸収したりして支配地域を拡大していった。もっとも、従属下に置かれた都市も、自らのコンタードに対する支配権などさまざまな特権を保持することができた。とはいえ、こうした有力都市の拡張により、北イタリアは一五世紀に入ると、旧来の都市国家体制からいくつかの領域国家が並び立つ体制へと変貌していくことになる。

次に具体的な都市を取り上げて、それぞれの支配体制の変遷の特質を見ることにしたい。取り上げる都市は、海洋貿易によって繁栄を遂げたヴェネツィアとジェノヴァ、アルプス以北と地中海とを結ぶ要衝に位置して強大化した内陸都市のミラノである。なお、もう一つの重要な都市であるフィレンツェについては、次の第4講で詳しく扱う。

ヴェネツィア

ヴェネツィアは、六世紀にランゴバルド人に追われてラグーナ(内海)の島に人々が移住したことで成立した、イタリアの中では比較的歴史の浅い都市である。当初はビザンツ帝国の支配下に置かれたが、八世紀に自立化し、一〇世紀には貿易で繁栄して急成長を遂げた。一一世紀にはビザンツ帝国から貿易の特権を獲得し、アドリア海の制海権を握った。

また、一〇世紀末にアドリア海東岸のダルマツィア地方を領有すると、一三世紀初頭の第四回十字軍への参加によりクレタ島を獲得し、エーゲ海諸島も事実上の支配下に置くなど、東地中海に領土を拡張していった。こうした領土を拠点として広域な商業圏を築き、遠隔地貿易によって繁栄を遂げた。

ヴェネツィアでは、当初は有力家門から選ばれたドージェと呼ばれる終身の元首が強い権限をもっていた。だが、やがて都市貴族が大評議会に集まってドージェの権限を制限し、大商人である都市貴族たちが政治を独占するようになった。一三世紀末から一四世紀初頭には新たに社会的上昇を遂げた上層市民層が政治参加を要求するが、貴族たちは彼らが大評議会に参入することを認めることで、彼らを新たな貴族身分として支配層に取り込んだ。そのうえで、以後は大評議会に新たな参入者を認めない原則を定めることで、支配層を固定化することに成功したのである。

ヴェネツィアは、アルプスを源流とし内海に注ぐ多くの河川とアドリア海とが作り出す自然環境の微妙なバランスの上に成立する都市である。このバランスを維持するために、河川の水量やラグーナの水質などの日常的な観察と、そこから得られた知見に基づく土木対策、自然環境を破壊するような人間の活動に対する厳しい規制などを、長期間にわたって持続させる必要に迫られていた。この都市の閉鎖的ではあるが安定した支配体制は、それを可能にするものであった。

ジェノヴァ

ジェノヴァは、紀元前六世紀には既にその存在が確認され、前三世紀にはローマと同盟し、その後服属した。ローマ支配期から西地中海の重要な港市であった。ローマ帝国崩壊後は、東ゴート、ビザンツ、ランゴバルド、カロリングといった諸勢力の支配に服する。ジェノヴァが都市として自立するのは一一世紀末のことである。

都市としての自立と相前後して、ジェノヴァは貿易により発展していった。一三世紀末には長年のライバル都市であったピサにメローリアの海戦(一二八四)で勝利し、ティレニア海における覇権を確立した。また、東方貿易では、ヴェネツィアと勢力争いを繰り広げながら、エーゲ海のキオス島や黒海沿岸のカッファを拠点として繁栄した。キオッジャの戦い(一三七八―八〇)でヴェネツィアに敗れたことで、ヴェネツィアに対しては一歩後塵を拝することになったが、それでも東地中海や黒海におけるジェノヴァ商人の商業活動が衰えることはなかった。

他方で、ジェノヴァはヴェネツィアと異なり、都市内部の政治が安定しなかった。皇帝派と教皇派の対立は激しく、ポデスタ制も都市内部の対立を緩和する役割を果たせなかった。ポーポロの台頭は、強い力を維持する貴族との対立を激化させた。そのため、ジェノヴァは一四世紀後半からミラノやフランスといった外部勢力による支配をたびたび受けることになる。この政治的混乱のなかで、ジェノヴァの有力家系は家族の構成員のみならず、隣人や追従者を包み込む「アルベルゴ」と呼ばれる独自の組織を発展させていった。

3-2　ピサの「奇跡の広場」(斜塔とドゥオーモ)

ミラノ

ミラノは、先住のケルト人により紀元前六世紀頃に創建されたとされ、その後、ローマに征服された。帝政期の三世紀末には西ローマ帝国の首都とされ、四世紀には司教アンブロシウス(三三九頃—三九七)のもとでキリスト教布教の重要な都市となった。

ミラノが都市として自立を遂げたのは、先に述べた一一八三年のコンスタンツの和約によってであった。一二世紀末から一三世紀初頭にかけてポデスタ制を導入し、一二四〇年以後は、ポーポロ出身のデッラ゠トッレ家が都市の実権を掌握した。その後、同家と、貴族の支持を得たヴィスコンティ家が抗争を繰り広げるが、結局、後者が勝利を収め、当主オットーネ・ヴィスコンティは一二七七年にシニョーレの地位を得た。ヴィスコンティ家はシニョーレの地位を世襲し、ついに一三九五年には、ジャン゠ガレアッツォ・ヴィスコンティが神聖ローマ皇帝からミラノ公の位を獲得した(在位一三九五—一四〇二)。

一四世紀を通じてミラノは、ベルガモやコモ、パヴィーアといったロンバルディア地方の都市に加え、ピアチェンツァやノヴァーラなど周辺地域の都市を軍事的に服属させ、広大な領土の国家を築いていった。その結果、ジャン゠ガレアッツォの時代には、ミラノ公国は領域国家へと変貌を遂げていたのである。

2　シチリア王国——南イタリア

ノルマン朝シチリア王国

一〇七二年にシチリア伯となったルッジェーロ（ロゲリウス）一世は、シチリアと半島南部カラブリア地方を領有した。行政機構はムスリム支配期のものを温存し、行政文書はギリシア語やアラビア語で記された。当時の住民は、カラブリアとシチリア東部ではギリシア語話者のギリシア正教徒が多数を占め、シチリア西部ではムスリムが多数を占めていたからであった。もっとも、ノルマン人による長期の征服活動の間に多くのムスリムが島を脱出して、ムスリム人口は次第に減少し、征服後のパレルモではモスクの破壊が相次ぐ状況にあった。

一一〇一年にルッジェーロ一世が急逝すると、その子ルッジェーロ二世が幼少で即位した。当初は母が摂政を務めたが、一六歳から親政を開始する。彼は当初、チュニジアへの拡大を図ったが、その試みに失敗すると、領土拡張の野心をイタリア半島南部に向けた。数々の戦闘を経てプーリア地方を獲得すると、一一三〇年にローマ教皇（対立教皇）アナクレトゥス二世からシチリアと半島南部を領土とするシチリア王国国王の地位を認められた。彼はパレルモの大聖堂で戴冠式を行う。そこにはカトリックやギリシア正教の聖職者たちが列席していた。

ルッジェーロ二世は、拠点をカラブリアから、財政収入の多いシチリアに移した。王国はシチリアから遠ざかるにつれて地方権力である伯の力が強くなり、王権は弱体化する傾向にあった。新国王は、統合する以前の諸国家が持っていた固有の制度や組織を維持することで、諸地域の不満を抑える政策をとった。

また、国王役人は住民構成を反映して、ムスリム、ギリシア正教徒、カトリックから構成され、とりわけムスリムが重用された。統治の要となった財務局（ドゥアーナ）はアラビア語で台帳、転じて官庁を意味する「ディーワーン」に由来し、これがのちにイタリア語で税関を意味する「ドガーナ」に受け継がれた。

ルッジェーロ二世期には、パレルモとその周辺に宮殿や多くの教会が建設された。ムスリム支配期に建造されたものを大幅に拡張したノルマン王宮は、パラティーナ礼拝堂や「ルッジェーロの間」などの華麗な装飾で知られる。また、破壊されたモスクの上に建造されたサン・ジョヴァンニ・デリ・エレミティ教会はモスクを思わせる丸い屋根を持ち、マルトラーナ教会は美しいモザイク画で装飾されている。

新国家の首都となったパレルモは栄華を誇り、周辺諸国から多くの人が訪れることになった。一二世紀後半にこの都市を訪れたイベリア半島出身のムスリムの旅行家イブン・ジュバイルは、「一面に果樹園が広がる平野と平地に誇らしくそそり立つ町で、路地も通りも広く、見事な外観は一際目立ち、人々の目を幻惑する」（『旅行記』）と称賛している。

パレルモは地中海世界における文化交流の拠点となり、アラビア語からラテン語に多くの書物が翻訳された。その結果、一時期失われていた古典ギリシアのさまざまな知見が蘇ることになった。今日の歴史研究で「一二世紀ルネサンス」と呼ばれる文化の動きである。

ホーエンシュタウフェン朝による支配

一一六一年に半島南部でシチリア王権の強大化に不満を持つ貴族が反乱を起こすと、神聖ローマ皇帝フリードリヒ一世はイタリア政策の一環として、貴族側に加担して介入した。しかし、先述のレニャーノの戦いでロンバルディア同盟に大敗し、北イタリアを支配下に置くことが困難になると、婚姻によってシチリア王国との接近を図る戦術をとった。世紀末における王位継承をめぐる争いを経て、一一九四年にフリードリヒ一世の子である神聖ローマ皇帝ハインリヒ六世がパレルモでシチリア国王に即位した。ここにノルマン朝は終焉し、ホーエンシュタウフェン朝による支配が始まることになる。

3-3　フリードリヒ２世(ヴァチカン図書館蔵『鷹狩りの書』より)

一一九七年にハインリヒ六世が急逝すると、彼の三歳の息子フリードリヒ(フェデリーコ)がシチリア国王に即位する。彼は成人に達すると、神聖ローマ皇帝位の継承をめぐる争いののち、一二二〇年にフリードリヒ二世として皇帝の座に就いた。

しかし、異例なことに、フリードリヒ二世はローマでの戴冠式ののち、ドイツではなくシチリアに帰還し、この地でシチリア国王と神聖ローマ皇帝を兼務することになる。彼にとっては幼少期から青年期までを過ごしたシチリアこそが、自らの追い求めるものを最も実現できる場所であった。

彼はシチリア王国の秩序回復を図り、シチリア島南部に集住していたムスリムを半島南部に移住させる政策をとった。移住させられたムスリムの多くは改宗するか、さらに東方に向けて移住し、ここにキリスト教徒とムスリムの共生の時代は実質的に終わりを告げた。

フリードリヒ二世は、イタリアの北中部に皇帝権力を再樹立させることももくろんだ。その一環として、シチリア王国領の北辺に位置するアペニン山脈中の盆地に要塞都市の建設を構想した。彼の没後に完成することになるその都市に、彼はホーエンシュタウフェン朝の紋章にちなむ「ラクイラ(鷲)」という名を与えている。

しかし、皇帝の力の拡大を恐れる北イタリアの諸都市は、一二二六年に第二次ロンバルディア同盟を結んで皇帝に対峙した。一二三〇年代に、両者はたびたび激突する。フリードリヒ二世はヴェローナなど一部の都市を皇帝側に寝返らせ、それによって優位に立った時期もあったが、ローマ教皇が皇帝権力の強大化を阻止するために二度にわたり皇帝を破門にするなどして敵対したこともあり、次第に軍事的に劣勢になった。敗北した皇帝は、一二五〇年に没する。

フリードリヒ二世の没後、神聖ローマ皇帝とシチリア国王の位を継承したフリードリヒの嫡子コンラート四世は、支配のためにイタリアに向かうが急逝する。一二五八年には、フリードリヒ二世の庶子マンフレーディがシチリア国王に即位し、自らの権力基盤を強化するための婚姻政策に乗り出して、娘をイベリア半島のアラゴン王国の後継者ペドロと結婚させた。これがのちの南イタリアにおけるスペイン支配に道を開くことになる。

これに対し、教皇側は、自らの意に沿う人物をシチリア国王に据えることを画策し、フランス国王ルイ九世の弟シャルル・ダンジュー（アンジュー家のシャルル）をシチリア国王に叙任する。シャルル・ダンジューは南イタリアに侵攻し、マンフレーディを敗死させ、さらにはドイツから遠征してきたコンラート四世の子コンラーディンを捕虜にして処刑した。彼がシチリア王国を支配下においたことにより、神聖ローマ皇帝とその係累による南イタリア支配はいったん終わりを告げ、フランス出身者による支配が始まったのである。

「シチリアの晩禱」とシチリア王国の分裂

だが、シャルル・ダンジューによる支配は脆弱であった。彼は王国の拠点をパレルモから半島南部のナポリに移し、フランス出身の官吏を多く登用した。また、ヴェネツィアと結び、十字軍で建国されながら、のちに崩壊したラテン帝国の再興をめざして、ビザンツ帝国領内への遠征を計画し、費用の捻出のために国内の徴税を強化した。この一連の施策は、王国住民、とりわけシチリアの人々の反感を買うことになった。

一二八二年、住民とフランス軍兵士との間の私的ないさかいをきっかけに、シチリアの住民によるフランス出身者の大量虐殺事件が起きた。「シチリアの晩禱」と呼ばれる事件である。これによりシャルル・ダンジューはシチリア島を失うことになった。こののち、「シチリアの晩禱」は外国支配、とりわけフランスによる介入に抵抗する象徴となった。ちなみに、ヴェルディは『シチリアの晩禱』という作品も残している。

事件ののち、シチリア島はアラゴン王ペドロ三世が支配することになった。当時のアラゴン王国は、発祥の地アラゴンに加え、バルセローナ伯領、バレンシア王国、マジョルカ王国など西地中海の広範な地域を領土とする、帝国といってもよい存在であった。このアラゴン帝国にシチリア島も加わったのである。

ペドロ三世は半島南部の征服も試みるが、成功しなかった。その結果、半島南部とシチリアは、ともに公式には「シチリア王国」を名乗りながら、しばらくの間、事実上、別の国家として道を歩むことになる。なお、便宜上、これ以後の半島南部に関しては、「ナポリ王国」の名で呼ぶことが一般的である。さらに、アラゴン王国はこの時期に、サルデーニャ島に対する支配権を得た。

一四世紀を通じて、シチリア王国とナポリ王国は相手の国家を征服するための軍事行為をたびたび行うが、いずれも相手を圧倒するだけの力は持ちえなかった。王権は総じて弱体であり、その間隙を縫って、在地貴族が地域社会を支配する体制が築かれていった。また、シチリアではイベリア半島のカタルーニャ出身の商人たちが経済活動に強い影響力を持つようになった。二つの王国が再び単一の権力によって支配されるのは、一五世紀のことである。

ここまで見てきたように、教皇領をはさんでイタリアの北と南は、一二世紀から一四世紀にかけて異なる歴史を歩むようになった。今日でも、イタリアの北と南の差異は常に強調されるが、本講が対象とする時期における南北の差異と今日における差異とは、どのように関連していると考えるべきなのであろうか。

イタリアの北と南

ここで参考になるのが、フランスの歴史家フェルナン・ブローデルが『地中海』(原題『フェリペ二世時代の地中海と地中海世界』)において提示した「三つの時間」という視点である。彼は、歴史における時間概念を、①地形や気候といった自然環境と人間との関わりを対象とする、「ほとんど動かない歴史」、②経済や社会といった人間集団の動向を対象とする、「緩慢なリズムを持つ歴史」、③個人の次元を対象とする「出来事の歴史」(伝統的な歴史)の三つに分類し、この三つの類型の順序に沿って大著を執筆した。

この三類型に沿ってイタリアの北と南を見るならば、まず地理的な環境に大きな違いがあることに気づく。北イタリアには、アルプス山脈とアペニン山脈の間にポー川を中心に形成される大きな平野が存在する。それに対し、アペニン山脈が細い半島を縦断している南イタリアは平野が少なく、丘陵や山岳が土地の大半を占めている（シチリアもアペニン山脈と一続きの山脈が中央を貫いている点で、類似しているといってよい）。

こうした地理的条件が、それぞれの地域における人々の営みに大きな影響を与えたことは間違いないであろう。だが、言うまでもなく、地理的環境がある地域の歴史や社会のあり方をすべて決定するわけではない。それは、地域の歴史や社会を理解するためにとりうる、複数ある視点のうちの一つに過ぎないのである。

次に、「緩慢なリズムを持つ歴史」である。ブローデルはこの概念でおおよそ一〇〇年前後の時代の幅を一つのまとまりとして捉えようとしているように思われる。ところが、イタリアの北と南に関する議論では、一二世紀に生じる北と南の差異をそのまま今日における北と南の差異とリンクさせるような議論が、しばしばなされている。あたかも、一二世紀から現代までが一つの「緩慢なリズムを持つ歴史」であるかのような考え方である。

たとえば、南イタリアの歴史を語るときに、一九世紀に登場する組織犯罪や二〇世紀後半に顕在化する縁故主義（コネ社会）の原因を、一二世紀に北イタリアにおいて出現した市民の自治（公共性）を重んじる都市の体制が南イタリアには存在しなかったことに求めるような議論は、その一例であろう。

確かに、「緩慢なリズムを持つ歴史」という概念は、「ほとんど動かない歴史」と「出来事の歴史」の中間に位置するために、時代の幅を一〇〇年と捉えることも、一〇〇〇年と捉えることも、理論的には可能である。だが、八〇〇年の歴史を一つのまとまりと捉えるような見方は、それ自体がある種の決定論であると思われる。

長期的な時間軸でイタリアの北と南を見る時、二つの地域を大きく異なる方向に向かわせるような局面が何度となく生じていることは事実である。だが、他方では、二つの地域の差異を縮小させるような局面も存在することを忘れてはならない。

たとえば、一九世紀半ばにイタリアが統一された時点で、南イタリアの住民の識字率は北に比べて明らかに低く（もっとも、北イタリアの識字率もプロイセンなどと比べるとかなり低かったのであるが）、当時の識者はこれを南イタリア社会の「後進性」を示すものとして重要視した。しかし、今日ではいずれの地域もほぼ識字率は一〇〇％であり、差異を認めることはできないのである。

一二世紀から一四世紀にかけて、イタリアの北では多くの都市国家が形成され、南では一つの国家への収斂が見られたという点で、二つの地域は対照的な歴史を歩んだ。だが、そのことから、現代のイタリアにおける北と南の差異を直接的に説明することは慎むべきであろう。

3　教皇権と教皇領

教皇権の絶頂と危機

一一世紀末のグレゴリウス七世以後、ローマ教皇は西方のカトリック教会全体に教皇の至高権を認めさせ、聖職者の任命に関して神聖ローマ皇帝をはじめとする俗権による介入を阻止することに成功した。この時期には教皇庁内部の分裂から、対立する複数の教皇が並び立つこともあったが、一一九八年に即位したインノケンティウス三世の時代(―一二一六)に教皇権は絶頂期を迎える。彼はシチリア王国やイングランドといった諸国の内政に介入し、たびたび国王を破門にした。また、中部イタリアで教皇領を拡大し、のちの教皇国家の礎を築いた。それとともに、教皇庁の組織も拡充されていった。

しかし、教皇国家や教皇庁組織の拡大とともに権限や財政規模が膨張したことにより、教皇庁の内部では賄賂や縁故主義などの腐敗がはびこることになった。一三世紀を通じて、ローマ周辺にはコロンナ家、オルシーニ家、カエターニ家などの新興貴族が台頭し、一族を教皇庁に送り込んで権力闘争を繰り広げた。こうした争いに、フランスやイングランド、ナポリなどの国王が介入するようになる。

そして、ついに一三〇三年には、カエターニ家出身の教皇ボニファティウス八世(在位一二九四―一三〇三)が、フランス国王フィリップ四世の意を受けた人々によって、ローマ近郊のアナーニで身柄を拘束され、その後まもなく没するという事件が起きた。

その後は、フランス国王の支援を受けたフランス出身者が相次いで教皇の座に就いた。一三〇五年に即位したクレメンス五世(在位一三〇五―一四)はローマには赴かず、リヨンで戴冠式を行った。彼以後、およそ七〇年間にわたって、教皇庁は南フランスのアヴィニョンに置かれ、教皇はそこで聖務を執り行うことになる。人文主義者ペトラルカが「教皇のバビロン捕囚」と非難した事態である。

教皇がローマに帰還できたのもつかの間、一三七八年の教皇選挙で、混乱する教皇庁は一人の教皇を選出することができず、二人、さらには三人の教皇が並び立った。このシスマ(教会大分裂)が解消されるのは、一五世紀初頭に南ドイツのコンスタンツで開催された公会議によってであった。

異端と刷新　一二世紀に入ると、聖職者の「堕落」と「腐敗」を告発・弾劾する動きが現れるようになる。たとえば、アルナルド・ダ＝ブレシアはローマにおいて、教皇の世俗権を否定する説教を行い、最後は処刑された。また、南フランスから到来したワルド派やカタリ派は、北イタリアを中心に多くの信奉者を集めたが、いずれも異端として徹底的に弾圧された。さらに、異端とみなされることはなかったが、カラブリア出身のフィオーレのヨアキム

3-4　アッシジのフランチェスコ（ジョット「小鳥への説教」，アッシジ，サン・フランチェスコ教会）

は、将来は教会組織が消滅して、真の霊的生活が支配するという預言を残した。

アッシジのフランチェスコ（一一八一／八二―一二二六）の活動も、当初は異端視されていた。彼は裕福な商人の子として生まれ、青年期には騎士になることを夢見ていたが、あるとき信仰に目覚め、ぼろを身にまとう清貧の生活を送るようになる。民衆に対しては俗語でわかりやすく語りかける一方で、意見の異なる人々を断罪することは慎んだ。そして、行動をともにする仲間とともに、フランチェスコ（フランシスコ）会を創設したのである。

彼が亡くなると間もなく、教皇庁は彼を聖人に列したが、それは彼らの活動を教会組織の体制の中に内包するための策であった。同時期に創設されたドミニコ会などとともに、新しいタイプの修道会の運動は教会組織に新たな風を吹き込むことになった。

第 *4* 講

ルネサンスの時代

15 世紀を中心に

ミケランジェロ「ピエタ」(ヴァチカン，サン・ピエトロ大聖堂)

1333	アルノ川の氾濫
1375	フィレンツェ，教皇軍と戦う(～1378)
1378	フィレンツェでチョンピの乱
1406	フィレンツェ，ピサを服属させる
1434	コジモ・デ＝メディチ，フィレンツェの権力を掌握
1453	オスマン帝国，コンスタンティノープルを征服
1454	ローディの和約
1469	ロレンツォ・デ＝メディチ，フィレンツェの権力を掌握
1478	フィレンツェで「パッツィ家の陰謀」
1494	メディチ家，フィレンツェから追放される
1498	サヴォナローラ，処刑される
1512	メディチ家，フィレンツェに戻る

絵画の本質は生きている自然をあるがままに、デッサンと色で飾り気なく出来得るかぎり正確に再現すること以外にはないと、マザッチョはみなしていた。この点を完璧に追求すれば秀でた画家として世に認められると信じていたため、マザッチョは研究おさおさ怠りなく、熱心に勉強した。絵画におけるぎこちなさ、不完全、困難な表現を克服した先達の一人に数えることができる。

――ジョルジョ・ヴァザーリ『ルネサンス画人伝』「マザッチョ」
（小谷年司訳、白水社、一九八二年、六一頁。原著一五五〇年）

1　都市経済の繁栄

人口の増大と農村の発展

イタリアの人口は、ゲルマン人らの侵入ののちに三五〇万人まで減少したが、一〇世紀には七〇〇万人、一四世紀初頭には一〇〇〇万人近くに達したと推定される。一四世紀半ばの黒死病禍で激減するものの、一六世紀初頭には再び一〇〇〇万人程度に増加したと考えられている。

一〇世紀以降の人口急増の背景には、農産物の生産増大があった。これまで沼沢地として耕作の行われていなかった場所が干拓され、灌漑が施されて耕作地へ転じていった。また、家畜、とりわけ馬を犂耕などに活用し、脱穀や製粉などで水車を利用することにより、少ない労働力でも大きな作業効率を得られるようになった。

農業生産の増大を受けて、特にイタリアの北中部では、一二世紀から一三世紀にかけて新村建設が進んだ。それは周辺農村部を支配下においた都市が、農民をより経済効率の高い形で編成することを目的としたものであった。農村社会の経済的な発展は、都市経済の繁栄の前提となるものであった。

十字軍と海上商業

一一世紀末から二〇〇年あまりにわたって、十字軍が組織され、聖地解放に向かった。その過程で、西ヨーロッパの諸勢力がムスリムの支配地域やビザンツ帝国に武力侵攻することとなった。ジェノヴァ、ピサ、ヴェネツィアなどの海洋都市国家は、十字軍の活動を海上で支援する見返りに商業特権を獲得していった。

その結果、海上商業が発展し、こうした都市国家による地中海の商業上の覇権が確立されていった。東方から香辛料や絹織物などの物産を西方に輸送し、西方からドイツの銀やフランドルの毛織物などを東方へ輸送するのである。イタリア諸都市の商人たちによる商業圏も拡大し、東では黒海周辺にもイタリア商人の姿をみるようになった。また、地中海の商業圏と北西ヨーロッパの商業圏を結ぶフランスのシャンパーニュの大市《おおいち》では、イタリア商人が重要な役割を果たした。

こうした遠隔地貿易の興隆は、都市、とりわけ北中部のイタリア内陸都市の経済活動にも刺激を与えていく。シエナやフィレンツェは金融業で繁栄し、製造業も発展した。とりわけフィレンツェでは一四世紀後半から、品質の高い毛織物の生産が行われるようになった。

商工業の急速な発展は、一四世紀前半における危機、とりわけ一三四八年を頂点とする黒死病の大流行によっていったん終息する。しかし、この世紀の後半には急速に回復の道をたどり、一五世紀まで続く経済成長の時代を迎えた。

商業技術の発展

商業活動の発展・拡大とともに、商業の手法も進化していった。商人が一回ごとの委託契約で商品を自ら輸送する従来の形態から、商人が拠点に定住し、取引先に支店や代理人を置いて、商品の輸送を継続的に行う形態に変わっていくのである。

こうした定着商業の普及により、それまでの家族経営から会社組織へと転換した商人も多く出現した。また、遠隔地の代理人とのやり取りのために、為替手形や商品仕切り状(インボイス)といった通信用の文書も発達した。

遠距離を航行することに由来するリスクを軽減するために生み出された海上保険、海事法、帳簿を的確かつ簡潔に記すための複式簿記などは、この時期のイタリア諸都市において生み出されたものである。

2 フィレンツェとルネサンス

フィレンツェの歩み

前講ではヴェネツィア、ジェノヴァ、ミラノの発展について触れたが、ここでもう一つの重要な都市で、ルネサンス発祥の地であるフィレンツェを取り上げよう。

フィレンツェは、紀元前一世紀後半にローマの植民都市として建設された。この都市の象徴とも言える壮大なクーポラ(円屋根)を持つサンタ・マリア・デル・フィオーレ大聖堂とアルノ川にはさまれた、およそ二キロメートル四方の歴史的中心地区では、直線の道路が方形に交差しており、今日でも古代ローマの都市プランの名残を伝えている。

フィレンツェが発展を見せるのは、一一世紀後半にトスカーナ辺境伯が拠点をルッカからフィレンツェに移してからのことである。この時期以降の経済成長によって力をつけた上層市民の商工業者たちは様々な「同職組合(アルテ)」に結集して、それまで都市を支配していた貴族たちを牽制した。ついに、一二五〇年に商工業者たちは皇帝派寄りの旧来の支配層を排除して都市権力を握り、第一次ポーポロ政府を形成する。

彼らは対外戦争の敗北により一時は権力を失うが、一二八二年に再び権力を奪い、第二次ポーポロ政府を成立させた。この政府は、政治的・軍事的な機能を兼ね備えるようになった同職組合の代表者から構成されていた。カリマーラ（大商人）組合、両替商組合、医者・薬種商組合、絹織物業組合、毛織物業組合、毛皮商組合、法律家・公証人組合の七大組合を中心に、その他の一四組合を加えた二一組合が市政を担った。同職組合の加盟者の中から、「プリオーリ」と呼ばれる六人（のちに八人）の執政官が選ばれ、二カ月という短い任期で政務を司ったのである。

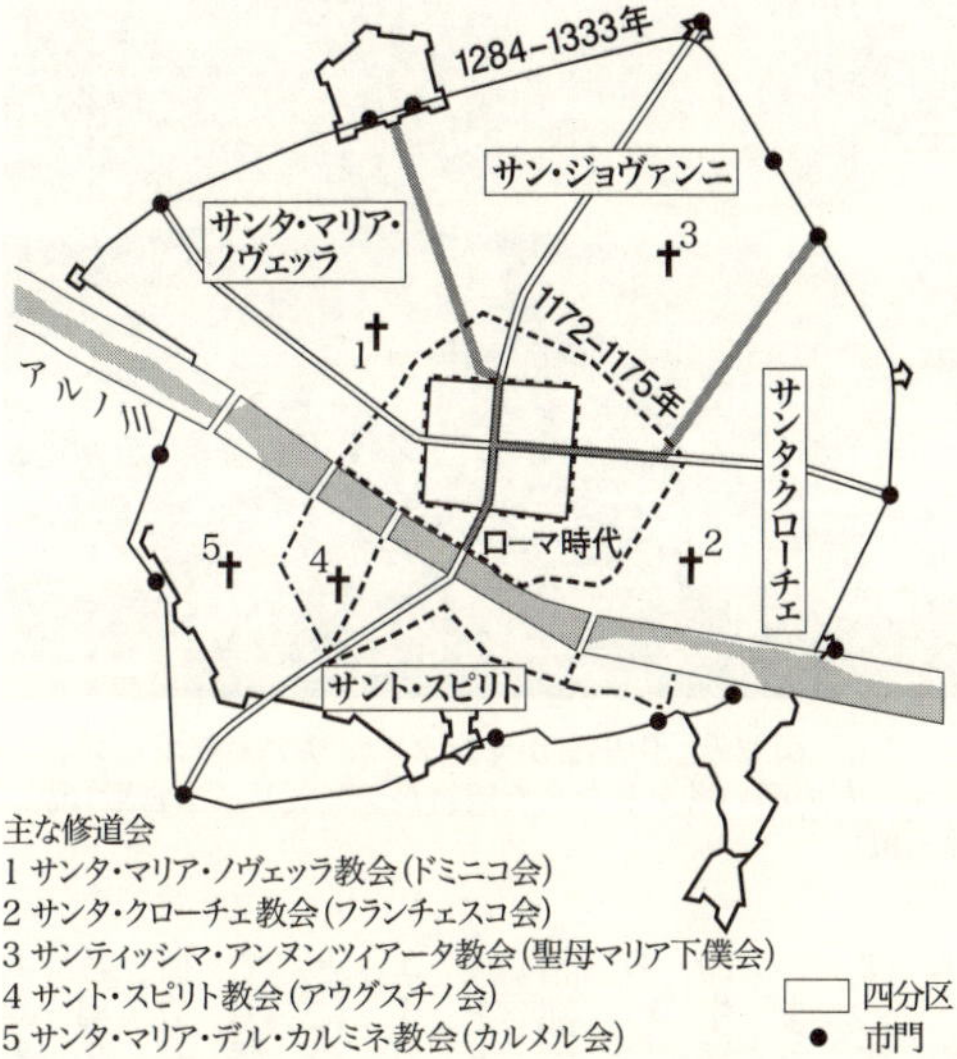

4-1　都市フィレンツェの成長（市壁の拡大）

だが、平民（ポーポロ）支配に対する抵抗は根強く、その抵抗を抑えるために一二九三年には「正義の規定」が制定されて、「豪族（マニャーティ）」とみなされた有力門閥の公職就任が禁じられた。また、「正義の旗手」と命名されたプリオーリを指揮する執政長官職も設けられた。そこで、有力門閥の中には、商工業に乗り出し同職組合に加盟することで公職への復帰を目指す

4-2　フィレンツェの街並み．中央右がサンタ・マリア・デル・フィオーレ大聖堂，左の高い塔をそなえた建物がシニョリーア宮殿(現ヴェッキオ宮殿)

人々も現れた。

皇帝派の貴族を排除したことで教皇派の優位が確立したフィレンツェだが、新たに教皇派の内部で黒派(ネーリ)と白派(ビアンキ)に分かれて争うことになる。白派に属していた詩人ダンテ・アリギエーリ(一二六五―一三二一)は争いに敗れて死刑判決を下され、後半生を亡命者として北イタリアの諸都市で過ごした。彼が『神曲』(一三〇九年頃から一三二一年にかけて執筆)を著したのは、この亡命生活のさなかであった。

またフィレンツェは、教皇庁との密接な関係によって、皇帝派が優勢であったライバル都市のシエナやピサに勝利することができた。とりわけ、シャルル・ダンジューの遠征資金を支援したことにより、フィレンツェ商人はナポリ王国や教皇領、さらにはフランス王国でも教皇の徴税人として地位を獲得した。また、イングランド王などへの貸付も行った。金融業と遠隔地貿易という二つの営みにより、フィレンツェはイタリアでも屈指の繁栄した都市国家に成長していくのである。

一四世紀の危機とメディチ家の台頭

しかし、一三三〇年代から、フィレンツェの繁栄に影を落とす出来事が相次いだ。一三三三年にはアルノ川が氾濫し、都市は一時水没した。一三四〇年代には経済の停滞により、破産する金融業者が相次いだ。一三四八年に大流行したペスト（黒死病）は、フィレンツェの人口を半減させた。

さらに、一四世紀後半には、教皇領の再編をめぐる軋轢が教皇庁との関係を悪化させ、ついには教皇軍との戦闘へと発展した。その渦中の一三七八年には、毛織物製造に従事する中下層の労働者（チョンピと呼ばれていた）が市政に対する不満から反乱を起こした。「チョンピの乱」と言われる事態である。彼らは一時政権に参画することに成功したが、ほどなく武力で鎮圧された。これ以後、いくつかの有力家系が政権で重要な立場を占める体制が作られていく。

教皇庁との軋轢や反乱を乗り越えたフィレンツェは、一四世紀末から周辺国家と断続的に戦争を行い、領土の拡張を図った。小規模な都市を服属させて吸収し、ついに一四〇六年には長年のライバルであったピサを服属させた。ピサは一一世紀に自治を獲得し、一三世紀にかけて地中海貿易で繁栄した都市である。いわゆる「ピサの斜塔」（聖堂広場鐘楼）は、隣接する大聖堂（一一世紀着工）や洗礼堂とともに、ピサが繁栄をきわめた一二世紀に竣工された建物である。

領土を拡大して領域国家としての道を歩み始めたフィレンツェで、頭角を現したのがメディチ家である。家の起源は不詳だが、フィレンツェ近郊の出身とされ、一四世紀末のジョヴァンニ・ディ・ビッチが当主の時に、教皇庁に対する貸付で財をなして、有力家門の一つに上昇した。

ジョヴァンニの子コジモ（通称イル・ヴェッキオ（老）、一三八九―一四六四）は、自らの銀行の支店をジュネーヴやフランドルのブリュージュなどイタリアの外にまで拡大して富を蓄積する一方で、自らはあまり表舞台に立たずに、政敵をフィレンツェから追放するという手段を駆使して、市政における権力を掌握していった。その結果、一五世紀半ばには、彼は事実上この都市の支配者となった。フィレンツェは共和政の外形を維持しながら、実態としては一人の人間の手に権力が掌握されることとなったのである。彼の没後、市は彼に「祖国の父」の尊称を贈った。

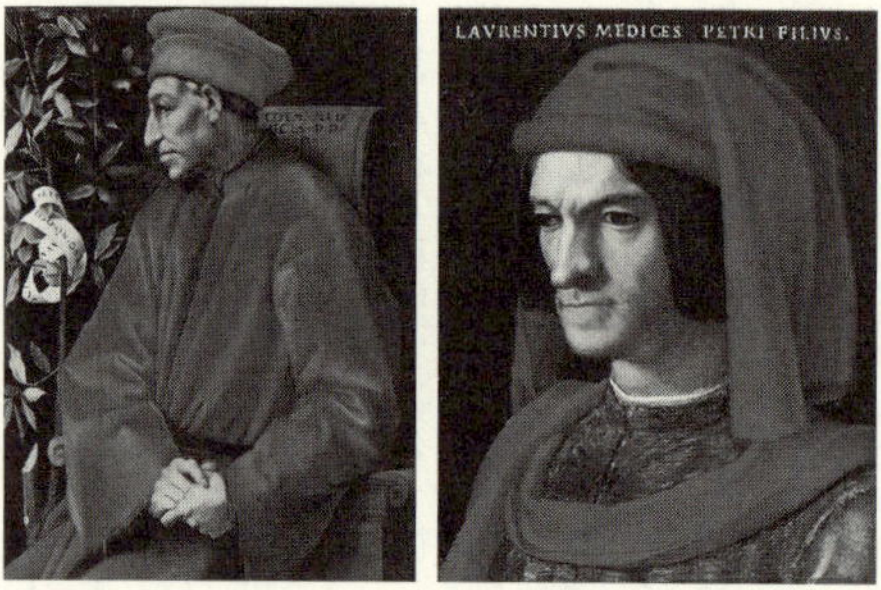

4-3　メディチ家のコジモ（左，ポントルモ画）とロレンツォ（右，ブロンジーノ画．いずれもフィレンツェ，ウフィーツィ美術館）

コジモの孫ロレンツォ（通称イル・マニフィコ（豪華・偉大）、一四四九―九二）は、メディチ家の追い落としを画策する「パッツィ家の陰謀」に遭遇し、弟を暗殺によって失った。だが、これを切り抜けると、権力を一手に独占した。また、一四五三年にビザンツ帝国の首都コンスタンティノープルがオスマン帝国によって征服されたことを契機に、その翌年にローディの和約が結ばれて平和が回復されたこともあり、彼の治世下では対外的な平和が維持された。メディチ銀行の経営が傾きつつあったとはいえ、メディチ家権力の絶頂期であった。

ルネサンスとパトロン

メディチ家のコジモとロレンツォは、政治と経済の指導者としてだけでなく、文化のパトロンとしても重要な役割を果たした。一般に文化・芸術活動には、その活動を資金面で支える個人や組織がパトロンとして必要である。ルネサンス期のフィレンツェにおけるパトロンは、メディチ家をはじめとする富裕な商人層であった。彼らの存在なくして、一五世紀のフィレンツェでこれほど豪華で壮麗な芸術作品が多数生み出されることはなかったであろう。

コジモ・デ＝メディチは、当時隆盛をきわめていた人文主義（後述）の学問研究に惜しみない支援を行った。写本の収集にも情熱を傾け、知人の蔵書も引き取って図書館を作り、市民に公開した。また、建物の改修や新築にも熱心で、サン・ロレンツォ教会の改築事業では、その一角にメディチ家の家族用の礼拝堂を作り、この教会を実質的にメディチ家の家族教会に変えた。また、メディチ家の屋敷を新たに造営した（現在のメディチ・リッカルディ宮殿、州政府庁舎として利用されている)。彼は華美にならないように留意したというが、それでも豪華な外観は市民に詠嘆の声を上げさせるのに充分であった。

さらに、彼は多くの芸術家に作品を依頼している。彫刻家ドナテッロ(一三八六頃—一四六六)、敬虔な修道僧フラ・アンジェリコ(一三九五頃—一四五五)、敬虔とは言い難い修道僧フィリッポ・リッピ(一四〇六頃—六九)など、交友関係もきわめて広かった。

ロレンツォ・デ゠メディチは高い教養を有した人物であり、自らも優れた詩作を著した。コジモ時代に比べてメディチ銀行の経営が不振であったため、金銭的な支援の規模はコジモよりも小さかったかもしれないが、コジモ以上に広い交友関係に基づき、自らの周囲に文化サークルを築きあげていった。人文主義者ではピーコ゠デッラ゠ミランドラ、芸術家ではボッティチェッリなど、ルネサンス文化を代表する人々が、彼の周囲に集っていたのである。

共和政の復活とメディチ家の帰還

だが、ロレンツォが権力を一手に掌握したことに対して、市民の不満は徐々に募っていった。彼の没後、その子ピエロが後継者となるが、一四九四年にナポリ遠征を企ててフィレンツェ領内を通過しようとしたフランスのシャルル八世に対して、ピエロが屈辱的な条件でそれを認めると、市民の不満は爆発し、メディチ家はフィレンツェからの亡命を余儀なくされた。

確固とした権力が不在となったフィレンツェでは、フェッラーラ出身のドミニコ会修道士ジローラモ・サヴォナローラによる説教が支持を集め、彼による贅沢や華美を禁じる政治が始まった。しかし、それが短期間で支持を失い、サヴォナローラが異端とされて一四九八年に処刑されると、ピエロ・ソデリーニが終身の行政長官として統治した。側近のニッコロ・マキャヴェッリ(一四六九―一五二七)がサポートするが、親フランスの立場を採ったソデリーニは、イタリアで行われた一連の戦争でフランスが敗北すると失脚する。

結局、一五一二年にメディチ家がフィレンツェに戻り、彼らによる支配が復活した。この時期、メディチ家はレオ一〇世(ロレンツォの次男ジョヴァンニ、在位一五一三―二一)、クレメンス七世(ロレンツォの甥ジュリオ、在位一五二三―三四)と二人の教皇を輩出するが、それはメディチ家のフィレンツェにおける支配を安泰にするものではなかった。詳細は次講の課題である。

3　人文主義者と芸術家たち

人文主義　イタリア諸都市が遠隔地商業によって繁栄すると、地中海の各地からさまざまな情報が流入するようになる。また、既に述べたように、一二世紀から一三世紀にかけてシチリア島を中心に、古典ギリシアの文献がアラビア語を経由してラテン語に翻訳されるようになる。さらに、一四世紀半ばに襲った経済恐慌や黒死病の猛威は、それまでの価値観を動揺させていった。

こうした状況を背景として、一四世紀のイタリア諸国、とりわけフィレンツェを中心に、「人文主義 humanitas」と呼ばれる新たな思想潮流が登場する。これは、現世の人間存在を肯定的にとらえ、神を中心とするスコラ哲学に対して、人間中心の世界観を提示する考え方である。そして、この人間中心の世界観の理想として古代のギリシア・ローマがあるという認識のもとに、古典研究に邁進するのである。

古典研究を重視する姿勢から、人文主義は文献を精確に読解する文献学や遺跡調査などの考古学を発展させた。また、ギリシア・ローマの時代に都市国家の自立と共和政体の範型を見出すことによって、自らの古典研究の成果を政治の実践と結びつける志向も強く、現実政治に深くコミットした人々を多く輩出したのも、人文主義の一つの特質であった。

人文主義者の活動

人文主義の父と言われるのが、フランチェスコ・ペトラルカ(一三〇四―七四)である。彼は、党派抗争によりフィレンツェを追放された公証人の子としてトスカーナ地方南部のアレッツォに生まれ、一家でアヴィニョンに移り住んだのち、そこで出会った女性ラウラへの想いから詩集『カンツォニエーレ』を俗語で著した。その後、イタリア各地を遍歴しながら、詩作の傍ら、ローマ古典の研究に勤しんだ。ペトラルカの詩作は後代に大きな影響を与え、作風を模倣するペトラルカ主義という潮流も生まれた。

ジョヴァンニ・ボッカッチョ（一三一三―七五）は俗語で書かれた『デカメロン』（一三五〇年頃）の著者として有名であるが、古代ギリシア文学の研究に熱心に取り組んだことでも知られる。また、コルッチョ・サルターティ（一三三一―一四〇六）はフィレンツェ共和国書記官長として実務を行う傍ら、複数の古典文献を比較して校訂する作業を行った。二人ともペトラルカと親交があり、その影響のもとに古典研究を進めた。

一五世紀には、人文主義は新たな段階に入った。ペトラルカたちはギリシア語を読むことはできず、ラテン語訳を通じてギリシアの文献を読んでいたのに対して、この時代にはギリシア語を修得して直接原典を読む人文主義者が増えていった。とりわけ、一四五三年にコンスタンティノープルがオスマン帝国によって征服されたのちは、ビザンツ帝国を脱出してイタリアに移住する知識人が増加したこともあり、ギリシア語を学べる機会も増えたのである。

レオナルド・ブルーニ（一三七〇頃―一四四四）は、フィレンツェ共和国書記官長などを務めながら、アリストテレスの著作をラテン語に翻訳し、またフィレンツェの歴史を執筆した。レオン＝バッティスタ・アルベルティ（一四〇四―七二）は、万能人として建築、彫刻、絵画、文学などさまざまな分野で活躍したが、フィレンツェの豪商ルチェッライ家の館の設計では古典ギリシア風のファサード（正面）を取り入れ、『家族論』では市民として生きる上での徳の必要性を説いた。

また、マルシリオ・フィチーノ（一四三三―九九）はプラトンや新プラトン主義の研究を究め、キリスト教とプラトン思想との新たな融合を模索した。同じく新プラトン主義に影響を受けたジョヴァンニ・ピーコ＝デッラ＝ミランドラ（一四六三―九四）は、人間は神によって自由意思を与えられているとする人間中心的な思想を提示した。こうした古典研究は、絵画や彫刻を生業とする同時代の芸術家たちにも大きな精神的影響を与えることになった。

ルネサンス芸術

再生を意味するフランス語「ルネサンス」を初めて歴史用語として用いたのは、一九世紀のフランスの歴史家ミシュレであり、それをイタリアの一五世紀の文化事象に適用したのは、一九世紀後半のスイスの歴史家ブルクハルトである。したがって、同時代にはこうした用語法は存在しなかった。とはいえ、「学芸や芸術を再生する」という考え方は、一四―一五世紀の人文主義者の間に見られた。たとえば、ペトラルカは「栄光の古代」のあとに「暗黒の時代」が訪れたと認識し、古典古代を「再生」することが必要であると提唱している。

今日では、ルネサンスは一五世紀初頭のフィレンツェに始まると理解されるのが一般的である。もっとも、一六世紀の人文主義者ジョルジョ・ヴァザーリは、フィレンツェにおける芸術の展開を三つの段階に分けており、その第一段階は一三世紀末から一四世紀にあるとしている。

確かに、この時期には、ドゥオーモ（サンタ・マリア・デル・フィオーレ大聖堂）やシニョリーア宮殿(現在のヴェッキオ宮殿)といったフィレンツェで最も重要と言える建築物が着工されているし、チマブーエ(一二四〇頃—一三〇二)や、アッシジのフランチェスコの生涯をフレスコ画に描いたことで知られるジョット(一二六六頃—一三三七)といった芸術家が活躍している。その意味では、この時期はルネサンスを準備した重要な期間であると言えるだろう。

ここで「芸術家」という言葉を用いているが、実際のところ、ルネサンス期には「芸術家」というカテゴリーは存在していなかった。絵画や彫刻に携わる人々は基本的には職人であった。また、ルネサンス期は作品の制作者が個人名で残されるようになった最初期であるが、制作には工房で複数の人々が携わることが一般的であった。さらに、作者の名前があだ名であったり、ファーストネームであったりすることも多い。前者の例としてマザッチョ(一四〇一—二八)、ドナテッロ、ボッティチェッリ(一四四五頃—一五一〇)などがあり、後者の例としてレオナルド(一四五二—一五一九)やラファエッロ(一四八三—一五二〇)が挙げられる。

フィレンツェにおけるルネサンスに関して、何より興味深いのは、芸術家たちのほとんどがフィレンツェとその近郊、あるいはトスカーナ地方の出身者であるということである。これはきわめて驚嘆すべきことである。ヨーロッパの、あるいは世界の美術史上においても特筆すべき芸術の一大ムーブメントが、このごく限られた地域の出身者によって占められているのである。それだけ当時のフィレンツェが繁栄し、かつ芸術活動を推奨するパトロンたちが数多くい

4-4　マザッチョ「三位一体」（フィレンツェ，サンタ・マリア・ノヴェッラ教会）

たということでもあろう。

ルネサンスの芸術家たち

数多の芸術家たちの業績を列挙することはできないので、ここでは何人かの芸術家たちの文字通りの足跡（移動した場所）を辿ることで、彼らの偉業の一端を紹介したい。

ルネサンスの幕開けは、ドゥオーモに隣接するサン・ジョヴァンニ礼拝堂の門扉制作のコンペであったと言われる。このコンペで最終選考まで残りながらギベルティに敗北したブルネッレスキ（一三七七―一四四六）は、ドナテッロとともにローマに赴き、古代遺跡を数多くデッサンした。そのことが建築家として大成する上で大いに役立ったとされる。

ドナテッロの彫刻のリアリズムとブルネッレスキの線遠近法を自家薬籠中のものとし、サンタ・マリア・ノヴェッラ教会に遠近法を用いた記念碑的なフレスコ画「三位一体」を残したマザッチョは、仕事の依頼を受けて向かったローマにおいて二七歳の若さで急逝している。新プラトン主義に影響を受け、その思想を具現化した絵画とも言われる「春」や「ヴィーナスの誕生」を制作したボッティチェッリも、教皇庁の依頼を受けて一度だけローマに滞在するが、比較的短い期間でフィレンツェに帰還している。

移動する機会の多かったのは、ルネサンス芸術の三巨匠とも言われる、レオナルド・ダ＝ヴィンチ、ミケランジェロ・ブオナッローティ（一四七五―一五六四）、ラファエッロ・サンツィである。

レオナルドはフィレンツェ近郊の生まれで、フィレンツェのヴェロッキオの工房で修業を積む。一四八二年にミラノ公ルドヴィーコ・スフォルツァの宮廷に赴き、一〇年以上にわたりミラノに滞在する。この時に、サンタ・マリア・デッレ・グラツィエ修道院の依頼で「最後の晩餐」を制作した。

しかし、ルドヴィーコがフランスに敗れて失脚するとミラノを離れ、二年あまりイタリアの北中部の諸都市を放浪する。一五〇三年にようやくフィレンツェに戻った。「モナ・リザ」の制作にとりかかったのはこの頃とされる。再びミラノに移ったのち、メディチ家出身の教皇レオ一〇世の依頼でローマに滞在する。そして、フランス国王フランソワ一世の要請を受けてフランスに移り、そこで生涯を終えている。

ミケランジェロは、没落したフィレンツェ市民の家に生まれ、ギルランダイオの工房で修業した。一四九四年にフィレンツェを離れて、ヴェネツィア、ボローニャに滞在したのち、一四九六年にローマに移り、そこで初期の傑作「ピエタ」像を制作する。一五〇一年にソデリーニ政権期のフィレンツェに戻り、「ダヴィデ」像などを制作するが、教皇ユリウス二世(在位一五〇三―一三)に招聘されて再びローマに向かい、システィーナ礼拝堂の天井に『創世紀』をモチーフとした壮大なフレスコ画を描いた。彼はまた、「ピエタ」像の制作開始時期以後、素材の大理石を求めて産地のカッラーラ(トスカーナ州北部)を何度か訪れている。

次いで、教皇レオ一〇世の依頼で、フィレンツェに戻ってサン・ロレンツォ教会のメディチ家礼拝堂などの装飾を担当した。一五二七年にメディチ家が再び追放され、一時的に共和国が復活した際には、共和国防衛のための軍事委員となるが、共和国が敗北すると父親の死を見届けたのちにローマに向かい、システィーナ礼拝堂の壁面に「最後の審判」を描くなどして、そのままローマで没した。

ラファエッロは、この三人の中では唯一、トスカーナ生まれではなく、マルケ地方のウルビーノの出身である。この都市は当時モンテフェルトロ家に支配され、同家のもとで華やかな宮廷文化が開花しており、ラファエッロの父も宮廷画家・文人として活躍した。

ラファエッロは一〇代半ばから中部イタリアの諸都市を遍歴して画業を積んだのち、一五〇四年にフィレンツェに移り住んで、多くの作品を制作した。一五〇八年には教皇ユリウス二世の要請でローマに移り、ヴァチカン宮殿の現在「ラファエッロの間」と呼ばれている空間に

「アテネの学堂」をはじめとするフレスコ画を描いた。また、レオ一〇世からは古代遺跡の発掘監督官にも任命された。彼は三七歳でローマにおいて没している。

レオナルドとミケランジェロが最終的にフィレンツェを離れたのは、イタリア戦争（次講参照）の渦中に巻き込まれたからである。また、レオナルドを除けば、多くの芸術家にとっての主要な目的地はローマであり、中部イタリアの外に活動の場を求めることは稀であった。フィレンツェとローマを結ぶ空間の中で彼らの活動が完結していたのは、彼らのパトロンがこの二つの都市に集中していたからであった。

4-5　ラファエッロ「レオ10世とルイージ・デ＝ロッシおよびジュリオ・デ＝メディチ両枢機卿」（フィレンツェ，ウフィーツィ美術館）

ルネサンスからマニエリスムへ

一六世紀に入ると、ルネサンス文化は新たな展開を見せた。重要な著作を残した人物として、激動のフィレンツェで書記官として政治の中枢を経験しながら、『君主論』（一五一三）をはじめとする著作を残したマキャヴェッリ、寡頭共和政を理想としながら、激動のフィレンツェを中心に『イタリア史』を執筆したフランチェスコ・グイッチャルディーニ（一四八三―一五四〇）、万能人の系譜を引いて画家・建築家としても活躍したヴァザーリ（一五一一―七四）といった名前を挙げることができる。

絵画や彫刻では、浮遊感に富んだ絵画を制作したポントルモ（一四九四―一五五七）に代表されるように、表現に曖昧さや寓意が目立つようになった。いわゆる「マニエリスム」への移行である。かつての清新で明快なルネサンス芸術は、文化の成熟とともに、より複雑で難解なものへと変化していく。さらに、「グロッタ（洞窟）」から派生した「グロッテスコ（洞窟風）」と呼ばれる、風変わりな装飾も流行するようになる。時代は、「奇想」に向かいつつあった。

ヴェネツィアのルネサンス文化

フィレンツェに発するルネサンス文化は、フィレンツェやその周辺で活動する人文主義者や芸術家たちがイタリア諸国や他のヨーロッパ諸国に招聘されたり自ら赴いたりすることによって、そしてそれ以上に、イタリア諸国やヨーロッパ諸国の人々がフィレンツェを訪れることによって、外の世界に向かって拡散していった。ここでは、この時期に優れた芸術家を数多く輩出したヴェネツィアについて、触れておきたい。

ヴェネツィアのルネサンス文化は、何よりも絵画において特筆すべき作家を生み出した。ヴェネツィアの絵画の特色は、モザイクやイコンに代表されるビザンツ文化の伝統をフィレンツエのルネサンスと融合させたことにある。また、もともとフランドルで発達した油絵具を用いてカンヴァスに描くという技法を多用したことも特徴的であった。

ヴェネツィアにおけるルネサンスを確立したとされるのが、一五世紀後半に活躍したジョヴァンニ・ベッリーニ（一四三二頃―一五一六）である。ヴェネツィア生まれの彼は兄のジェンティーレや義理の弟であるパドヴァ出身のアンドレア・マンテーニャとともに、ヴェネツィアとその周辺地域を美術のもう一つの中心地へと導いた。彼の工房からは、風俗描写を得意とするカルパッチョや、田園風景そのものを中心に据えて描写したジョルジョーネ、「受胎告知」などの宗教画や「ウルビーノのヴィーナス」といった異教的な主題の絵画を残したヴェネツィア絵画最大の巨匠ティツィアーノ・ヴェチェリオ（一四八八頃―一五七六）が輩出した。また、一六世紀後半には、明暗の対照により動的な表現を得意としたティントレットや、豊かな色彩が特徴的なヴェロネーゼなどが活躍した。

4-6　ティツィアーノ「ウルビーノのヴィーナス」
（フィレンツェ，ウフィーツィ美術館）

カンヴァスに描かれた絵画は持ち運びが容易であるた

め、ジョルジョーネ以後の画家たちはヨーロッパのさまざまな地域から制作を依頼され、彼らの絵画の多くがヴェネツィアから遠方の地へと売却され、拡散していくことになったのである。

第5講

宗教改革と五大国の時代

15世紀後半〜17世紀前半

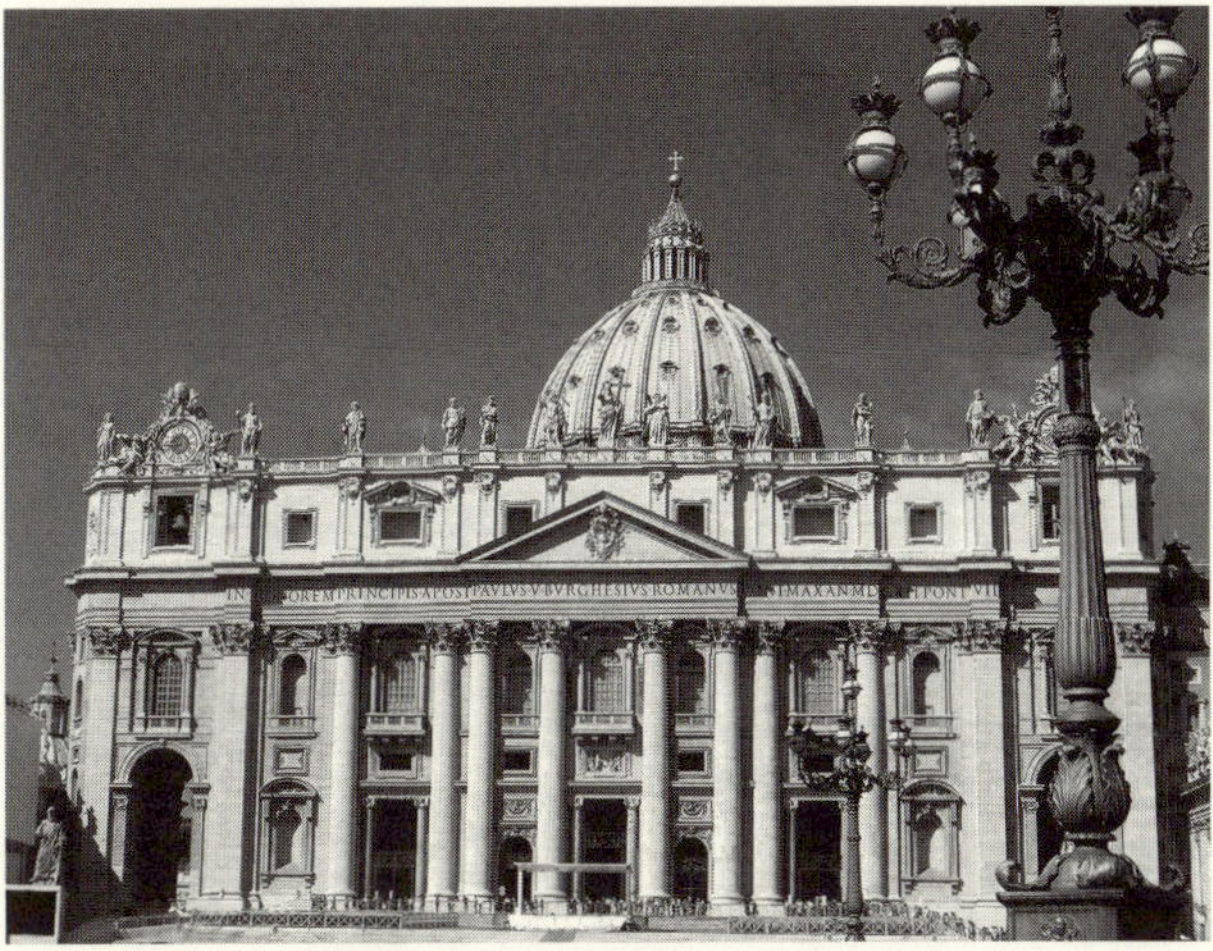

サン・ピエトロ大聖堂(ヴァチカン)

1454	ローディの和約
1494	フランス国王シャルル8世，イタリアに兵を進める．イタリア戦争の開始(〜1559)
1516	ハプスブルク家のカール，スペイン国王(カルロス1世)となる
1517	ルター，『95箇条の論題』を発表
1527	ローマ劫掠
1532	ペドロ・デ＝トレード，ナポリ王国副王となる(〜1553)
1534	イエズス会創設
1535	ミラノ公国，スペイン国王の支配下に入る
1545	トレント公会議の開催(〜1563)
1559	カトー・カンブレジ条約，イタリア戦争終結
1569	メディチ家のコジモ1世，トスカーナ大公の称号を得る
1571	レパントの海戦
1620	ヴァルテッリーナ戦争(〜1626)
1627	マントヴァ継承戦争(〜1631)
1630	北イタリアでペスト流行(〜1631)
1647	パレルモの反乱，ナポリのマザニエッロの乱(〜1648)

五月の第六日、そを綴らんとする
筆さえ臆し乱れる、げに忌まわしき
災厄と戦慄と暴虐の日、
砲火と抜身の剣が踊るなか
猛々しくも恐れを知らぬドイツとスペインの
生贄となりて、あわれ我らが目の前で
あまねく人より慕われしかの貴婦人（ローマ）は
犬畜生と瀆神の怪物どもの手にかかり
道理も武器も奪われり

——ピエトロ・アレティーノ「スペイン人とドイツ人のおかげで世界の尻尾となったローマ」（アンドレ・シャステル『ローマ劫掠』（越川倫明ほか訳、筑摩書房、二〇〇六年、四三頁）。アレティーノの原著は一五三四年頃）

1　領域国家の形成

五大国体制の成立

一四世紀末から一五世紀前半にかけては、イタリアの各地で戦乱が続いた。その中で、特に北中部では、有力な都市国家が周辺の都市国家を服属させ、自らの支配領

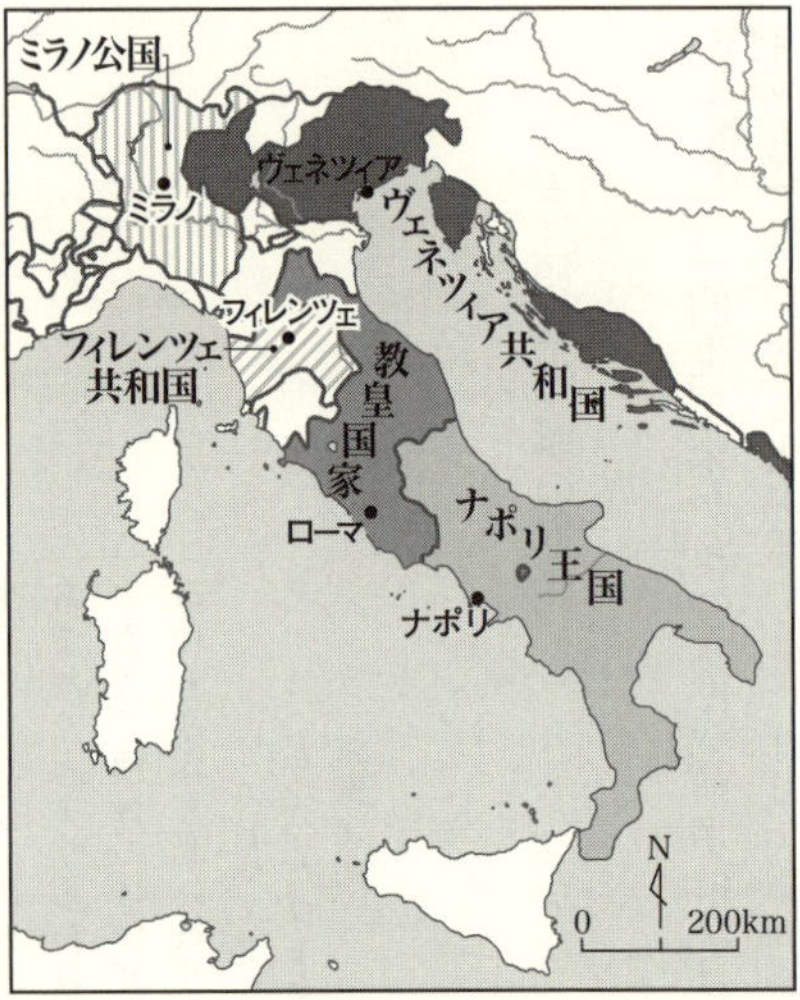

5-1　ローディの和約と五大国

域を拡大させて領域国家に発展していった。その結果、イタリア半島にはミラノ公国、ヴェネツィア共和国、フィレンツェ共和国、教皇国家、ナポリ王国の五つの大国が形成され、この五大国の対立や合従連衡が半島の歴史を大きく左右するようになった。

一五世紀半ば、ミラノの公位継承に対して異議を唱えたヴェネツィアとナポリは、ミラノおよびそれと結んだフィレンツェと対峙し、両者の間で戦争が始まった。ところが、一四五三年にオスマン帝国がビザンツ帝国の首都コンスタンティノープルを占領すると、オスマン帝国と領土を接するヴェネツィアは危機感を強め、翌年にミラノ近郊のローディでミラノと和約を結んだ。これを一つの契機として、五大国は互いに承認しあうことで、それぞれの国家の存在を保証し、それによって不安定になりがちな内政の安定化を図るために、同盟を結んだ。こののち、イタリア半島は四〇年間にわたり、戦争のない例外的な時代を迎えることになる。

ミラノ公国とヴェネツィア共和国

ここで、一五世紀における五大国について、概観しておく(フィレンツェ共和国については前講を参照)。

ミラノは、一四世紀末にジャン＝ガレアッツォ・ヴィスコンティ(ミラノ公在位一三九五―一四〇二)のもとで公国となり、その子フィリッポ＝マリアの時代には領土を拡大し、周辺諸国の脅威となった。だが、彼の没後は混乱し、一時的に都市ミラノに共和政が復活する事態も現出した。

この混乱を収めてミラノ公国の統一を回復したのが、フィリッポ＝マリアの娘と結婚していた傭兵出身のフランチェスコ・スフォルツァ(在位一四五〇―六六)であった。彼の没後、子のガレアッツォ＝マリア、孫のジャン＝ガレアッツォ＝マリアが公位を継承する。

そして、ジャン＝ガレアッツォ＝マリアが若くして没したのちに、公位を簒奪したのがフランチェスコの子ルドヴィーコ＝マリア(通称「イル・モーロ」(ムーア人)、在位一四九四―九九)である。彼は人文主義の素養のある人物で、経済や文化の発展に力を注いだ。レオナルド・ダ＝ヴィンチも、ミラノ滞在中に彼に仕えている。しかし、外交においては、神聖ローマ帝国とフランスという互いに敵対する二国を天秤にかけ、同盟する相手を時と場合に応じて変えるという政策を採った。それは結局、ミラノ公国におけるスフォルツァ家の支配を脅かすことになる。

ヴェネツィアは一四世紀末から、食糧供給の安定と商業ルートの拡充のために、彼らが「テッラフェルマ（本土）」と呼んだイタリア半島部に領土を獲得する方針を採った。ヴェネツィアに近いトレヴィーゾを獲得したのを手始めに、ヴィチェンツァ、ヴェローナ、パドヴァを併合し、ブレシアやベルガモをミラノ公国から奪った。その結果、ヴェネツィア共和国はイタリア半島北東部に広大な領土を持つ領域国家となった。

上述のように、ローディの和約後は、イタリア半島における戦闘は収まった。だが、アドリア海の対岸であるダルマツィアの領有をはじめ、オスマン帝国とはこのあとも断続的に戦争が行われた。オスマン帝国との緊張関係は商業活動にも影を落とし、ヴェネツィアの貴族たちは商業活動からテッラフェルマにおける農業経営へと自らの関心を移していくことになる。

教皇国家　教皇国家では一五世紀以降、教皇権力による支配が拡大していった。一四一四年から開催されたコンスタンツ公会議でシスマ（教会大分裂）に終止符が打たれ、公会議中に教皇に選出されたコロンナ家出身のマルティヌス五世（在位一四一七―三一）はローマに帰還した。これ以後、ヴァチカン宮殿が教皇にとって最も重要な居所となる。

教皇国家は、①都市ローマ、②ローマ周辺地域（現在のラツィオ）、③ウンブリア地方・マルケ地方・ロマーニャ地方といった周縁地域、の三層から成り立っていた。

都市ローマでは、一四世紀に教皇が不在であった時期に生じた荒廃から立ち直りをみせ、ローマに定住するようになった教皇の指導のもとに再開発が行われるようになった。ローマ周辺地域では、コロンナ家やオルシーニ家などの有力貴族が領地支配を行っていたが、一五世紀を通じて教皇の権力が貴族を凌駕するようになっていった。周縁地域では、ローマからの距離に比例して教皇庁の支配権は弱体化する傾向にあったが、ここでもこの時期を通じて教皇権力の拡張が見られた。

ナポリ王国とシチリア王国

ナポリ王国では、アンジュー家による支配が続いていた。だが、姻戚関係にあったハンガリー国王がナポリ王位を要求したり、逆にナポリ国王がハンガリー王位を要求したりして争いが絶えず、国内は次第に収拾のつかない状況に陥った。

他方、シチリア王国では、アラゴン国王の傍系が王位にあったが、ここでも王権は総じて弱体であった。ところが、一五世紀初頭にイベリア半島においてアラゴン王家が断絶し、カスティーリャ国王フアン一世の子フェルナンドがアラゴン国王に選出されると、事態は一変する。彼は自らシチリア王を兼任し、ここにシチリアはアラゴンの同君国家連合の一員となった。

さらに、その子アルフォンソ五世（在位一四一六―五八）が即位すると、彼は後継問題に揺れるナポリ王位の座も狙うようになる。この企ては教皇をはじめとするイタリア諸国家の反対に遭い、彼自身、一時はミラノ公の捕虜となるという苦汁を味わうが、一四四二年についにナポリを征服し、ナポリ国王となった。しかも、彼は宮廷をイベリア半島からナポリに移し、人文主義者や芸術家を集めたのである。

こうして、同君連合という形で再び一つの国家となったシチリア王国とナポリ王国であったが、アルフォンソ五世が没すると、弟フアン二世が同君連合を継承したのに対して、ナポリ王国だけは庶子フェルディナンド一世（通称フェッランテ）が相続したため、二つの国家は再び分離されることになった。

なお、フアン二世の子フェルナンドは、一四六九年にカスティーリャ王国の王位継承者イサベルと結婚し、まず一四七四年にイサベルがカスティーリャ国王に、次いで一四七九年にフェルナンドがアラゴン国王になったことで、アラゴンとカスティーリャは共同統治されることとなった。実際には、これは一つの国家が誕生したことを意味せず、当事者たちも「スペイン王国」という名称を用いたわけではないが、便宜上、この時点以後については「スペイン」という名称で表現する。

2　イタリア戦争

イタリア戦争の勃発

一四九四年、フランス国王シャルル八世はかつてアンジュー家が支配していたナポリ王国の継承を主張して、イタリアに兵を進めた。翌年ナポリはフランス軍によって占領され、ナポリ国王はシチリアに逃亡した。その過程で、フィレンツェでメディチ家が追放の憂き目にあったことは既に記したとおりである。ここから一五五九年に和約が結ばれるまで、神聖ローマ帝国、フランス、スペインといった周辺の大国がイタリア支配を狙い、イタリア諸国を巻き込んで断続的に干戈を交えることになる。いわゆるイタリア戦争である。

シャルル八世によるナポリ支配は、教皇アレクサンデル六世(在位一四九二―一五〇三)がヴェネツィア、ミラノ、スペイン、神聖ローマ帝国と結んでフランスと戦ったために、ごく短期間で潰えた。次いで一四九九年、今度はフランス国王ルイ一二世が教皇やヴェネツィアと結んでミラノを占領し、ルドヴィーコ＝マリア(イル・モーロ)を追放した。

さらに、一五〇八年には教皇ユリウス二世が、領土拡大を求めて教皇国家領内に侵入するヴェネツィアに対峙するため、ルイ一二世や神聖ローマ皇帝マクシミリアン一世とカンブレー同盟を結び、ヴェネツィアを敗北に追いやった。だが、フランスが北イタリアに勢力を拡大するのを見た教皇は、一転してヴェネツィア、スペインと結び、フランスと戦って北イタリアからフランスを一掃した。これに対し、一五一五年にはフランスの新国王フランソワ一世がヴェネツィアと結び、ミラノを再び占領することになる。まさに生き馬の目を抜く展開であった。

神聖ローマ皇帝カール五世

一五〇四年、カスティーリャ国王イサベルが没し、王位は当時フランドルに居住していた娘のファアナが継承した。その夫のフィリップは神聖ローマ皇帝マクシミリアン一世の子であり、間もなく二人はカスティーリャを共同統治することになった(なお、一五世紀半ばから神聖ローマ皇帝はハプスブルク家によって継承されていた)。その後、フィリップが急死し、ファアナも精神の病を理由に幽閉されると、カスティーリャ王国の実権はイサベルの夫であったアラゴン国王フェルナンドが握ることとなった。

一五一六年にそのフェルナンドが没すると、フィリップとファアナの子カール(カルロス)がフランドルの宮廷で、二つの王国の国王を兼ねて即位することを宣言した。ここに、ハプスブルク家出身者が支配するスペイン王国が出現することとなる。そして、このことはナポリ王国、シチリア王国、サルデーニャ王国がハプスブルク家のスペインの支配下に置かれたことを意味していた。

スペイン国王カルロス一世は、一五一九年の皇帝選挙でフランソワ一世に勝利し、神聖ローマ皇帝カール五世となった。この皇帝選挙での軋轢は、イタリアにおける両者の覇権争いへと展開していくことになる。

ローマ劫掠　一五二五年二月、フランス軍は神聖ローマ帝国軍（皇帝軍）にパヴィーアで敗北し、フランソワ一世は捕虜となってマドリードに連行された。翌年五月、マドリードから帰還したフランソワ一世は、教皇国家やヴェネツィアなどと同盟を結んで皇帝軍に対抗した。

一五二七年に入ると、皇帝軍はフランスと結んだ教皇国家に打撃を与えるために、教皇国家領内に侵入した。皇帝軍を構成していたのは主に、ドイツ出身の傭兵、スペイン出身の歩兵、イタリアで徴募された傭兵の三グループであった。ドイツ出身の傭兵の多くは、宗教改革を起こしたルターの支持者であったと言われる。全軍を指揮するのは、フランス出身のシャルル・ド・ブルボンであった。フランソワ一世により所領を没収されたことを契機として、皇帝派に転じた人物である。

同年五月、皇帝軍はローマに侵攻した。皇帝軍は教皇軍を敗走させ、教皇クレメンス七世は市内の要塞サンタンジェロ城に籠城した。この時の攻防で、皇帝軍指揮官シャルル・ド・ブルボンは戦死している。結局、教皇は降伏してサンタンジェロ城に幽閉され、のちにオルヴィエート（現在のウンブリア州）に脱走した。

翌年二月に皇帝軍がローマから撤収するまでの九カ月間、指揮官を失った皇帝軍は略奪の限りを尽くし、ローマは廃墟と化した。攻撃前にローマには五万人あまりの人口が定住していたと考えられるが、ほとんど人影も見えぬような状況に陥ったのである。「ローマ劫掠《ごうりゃく》」と呼ばれる、ローマにとっての惨事であった。

5-2　ローマ劫掠(マールテン・ファン・ヘームスケルクによるとされる銅版画)

スペイン支配の確立

一五二九年、オスマン帝国がウィーンに向かって侵攻する事態を受けて、カール五世は教皇やフランスとの和解を図った。互いに顔を合わせることさえ嫌ったカールとフランソワの二人に代わり、皇帝の叔母と国王の母との交渉によって成立したカンブレーの和約で、フランスはイタリアにおける皇帝の覇権を認めた。

それでもなお、フランソワ一世はイタリアを諦めなかった。一五三五年、カール五世がミラノ公に据えたスフォルツァ家の当主が世継ぎを残さずに没すると、皇帝は息子のフェリーペをミラノ公にした。フランソワ一世はこれを不服として、フランスに隣接するサヴォイア公国を占領した。その後もフランス国王軍と皇帝軍はアルプス以北の地域で干戈を交えた。

一五五六年、カール五世は退位し、スペイン国王をフェリーペ(二世)に譲り、神聖ローマ皇帝位を自らの弟のフェルディナントに継がせた。これにより、ナポリ王国、シチリア王国、サルデーニャ王国、ミラノ公国がハプスブルク家のスペインによって支配されることになった。

　フランソワ一世が一五四七年に没し、その子のアンリ二世が王位を継承しても、なおフランスがイタリアを諦めることはなかった。フランスはオスマン帝国と同盟を結び、南イタリアでハプスブルクの軍勢と戦うが、勝利を収めることはできず、逆に北フランスでの戦いで大敗を喫したことで、ついにイタリアをめぐる戦いに終止符が打たれることになった。一五五九年に結ばれたカトー・カンブレジ条約により、フランスはイタリアから軍隊を撤退させた。

　こうして、ハプスブルク家のスペインがイタリアの大半の地域を支配する体制が最終的に成立したのである。

3　宗教改革と対抗宗教改革

宗教改革に対する見方

　近年、宗教改革をめぐる研究は著しく進展し、従来とは理解の仕方が大きく変わっている。その要点は、宗教改革をルターに始まるプロテスタントの運動に限定するのではなく、カトリックも含めた多様な宗派を視野に入れて考察すること、宗教改革を一六世紀の出来事とみなすのではなく、中世後期から近世を通じて展開した長期的な事象として考察すること、地域をヨーロッパに限定せずグローバルな視点で捉えることで、さまざまな宗教・宗派の関係性の中で考察すること、の三点である。

こうした視点に即してイタリア諸国の状況を見るならば、次の二つの課題が浮かび上がると思われる。一つは、ルターに始まる改革運動がイタリアにどの程度浸透し、また、それがイタリアに既に存在していた教会の刷新を求める動きとどのように共振したのかという点である。もう一つは、従来ともすれば宗教改革という革新的な運動に対する反動として理解されてきた教皇庁による対応、いわゆる「対抗宗教改革」を長期的な改革の流れの一つとして再検討するという点である。

イタリアにおける宗教改革の動き

ルターが一五一七年に『九五箇条の論題』を発表すると、その思想は瞬く間にイタリア諸国に伝えられ、一定の影響力を持つことになった。ルターの思想に理解を示しつつ、教皇庁の内部から改革の道を模索したのが、ガスパロ・コンタリーニ(一四八三―一五四二)である。

彼はヴェネツィアの名門貴族の家に生まれ、外交官としてウィーンやローマに滞在するうちに、教皇庁の改革が必要であることを痛感するようになる。一五三五年に教皇パウルス三世(在位一五三四―四九)により枢機卿に叙任されると、教皇庁とルター派との妥協を模索し、一五四一年に南ドイツのレーゲンスブルクで行われた聖職者による宗教対話にも出席するが、結局、両者の合意を得ることには成功しなかった。

また、スペイン出身のファアン・デ・バルデス(一四九〇頃―一五四一)は、カトリック教会の権威は否定しなかったものの、ルターと同様に、内面の祈りを重視する信仰のあり方を説いた。彼はスペインの異端審問を逃れて、ナポリ経由で一五三一年にローマに亡命した。だが、イングランド国王ヘンリー八世の離婚の正当性を主張したためにローマを離れ、再びナポリに移住した。

ナポリでは聖書の解釈のための著述活動に邁進し、多くの思想的な継承者を生むことになる。その一人であるベネディクト会修道士ベネデット・フォンタニーニが匿名で著した『キリストの恵み』(一五四三)は、のちに教皇庁から禁書とされたにもかかわらず、一六世紀のヨーロッパで最大のベストセラーとなった。

さらに、設立されて間もないカプチン会の総長を務めていたベルナルディーノ・オキーノ(一四八七―一五六五)は、ルター思想の影響を教皇庁から指摘されたことで、亡命を決意した人物として知られる。彼は一五四二年に、設置されたばかりの異端審問法廷による召喚を拒絶してジュネーヴに逃れ、そこでカルヴァンと出会ったことで福音主義(プロテスタンティズム)を全面的に受容した。妻帯した彼は、その後イングランドやチューリヒを放浪したが、三位一体説を否定する傾向の著作を刊行したことでスイスを追われ、最後はモラヴィアで没した。

一五四〇年代以降、教皇庁が締め付けを強化したことによって、ルター派、あるいはプロテスタンティズムのイタリアにおける影響力は、表面的には急速に縮小していく。しかし、『キリストの恵み』が禁書とされたのちにも密かに読み継がれたことに示されるように、アルプス以北から到来した宗教改革の新たな思想は、伏流としてイタリアの中に存在し続けることになる。

対抗宗教改革

イタリア戦争の渦中にあった教皇庁は、ルターによって始められた宗教改革の動きに対して、当初、機敏に対処することができなかった。だが、宗教改革がヨーロッパ規模で広がりを見せるにつれて、教会組織を内部から改革する必要に迫られていく。のちに対抗宗教改革と称される動きである。

カトリック教会の教義や組織の改革をめぐっては、当初、非妥協派と和解派の二つの潮流が存在した。いずれも既存の教会組織を維持しながら、内部からの改革を志向するという点では共通しているが、非妥協派がプロテスタント諸派による改革に敵対的な姿勢を示したのに対して、和解派はプロテスタント諸派との和解・宥和を模索する立場をとった点に、大きな違いがあった。

しかし、和解派を代表する上述のコンタリーニが出席したレーゲンスブルクの宗教対話が失敗に終わり、カトリックとプロテスタント諸派との教義上の和解が困難であることが明らかになると、和解派は次第に力を失っていった。非妥協派の優位が確立すると、その後はパウルス四世（在位一五五五―五九）、ピウス五世（在位一五六六―七二）と、非妥協派が教皇に選出された。教皇庁・カトリック教会は、プロテスタント諸派との差異を明確にしながら、自らの教義や組織の改革を図ることになったのである。

他方で、教義や組織の改革と並んで、新たな改革派修道会の設立が相次いだのも、対抗宗教改革の大きな特色の一つであった。会則のより厳密な遵守を主張してフランチェスコ会から分離したカプチン会（一五二八年設立）、貧窮者や病者の救済を主たる活動としたバルナバ会（一五三〇年設立）やソマスカ会（一五三四年設立）、女性教育を使命としたウルスラ会（一五三五年設立）、教育と布教を使命としたイエズス会（一五三四年設立）、信徒たちが教会の祈禱所（オラトリオ）に集うことを特色としたオラトリオ会（一五六四年設立）などが挙げられる。

なかでも、スペイン・バスク地方出身のイグナティウス・デ・ロヨラ（一四九一―一五五六）によって設立されたイエズス会の動きは活発であった。彼らはキリストの使徒たちの活動を自らの範とし、情熱的に布教活動に取り組んだ。しかし、その果敢な行動力は、彼らが権威を獲得した一八世紀には、啓蒙改革を目指す諸国にとって障害と映るようになる。

トレント公会議

教義や教会組織の改革という観点から見た時に、対抗宗教改革の頂点となったのがトレント公会議である。これは、一五四五年から六三年まで断続的に行われた。ローマとウィーンを結ぶ街道の途中に位置し、神聖ローマ帝国領内にあるトレントが

5-3　トレント公会議(エリア・ナウリツィオ画．トレント，トレント司教区博物館)

公会議の開催場所に選ばれたことは、この会議が皇帝カール五世の意向を受けて開催されたことを示している。

公会議の結果、ルターの「人は信仰のみによって義とされ、信仰のよりどころは聖書以外にない」という考え方(信仰義認)は全面的に否定された。他方で、聖職者は神と個人との間の媒介者であるとする立場を鮮明にし、司教や司祭といった聖職者の役割をこれまで以上に重視した。そのために、司祭に対する教育の重要性を認識し、司祭の婚姻禁止を堅持することや、司教の任地定住の義務を確認した。また、洗礼や堅信など七つの秘蹟をあらためて確認し、聖書の口語訳を否定する一方で、教義の普及のために俗語による「カテキズム(教理問答集)」の作成を決議した。

トレント公会議により、教皇庁・カトリック教会はプロテスタント諸派との差異を明確にするとともに、教会組織の改革を進めることに成功した。そこで決定された事項が実施されるまでには長い時間を要したものの、任地定住を義務付けられた司教や在地の司祭たちは、信仰実践の中核として、地域社会における存在感を確実に高めていった。洗礼・婚姻・葬儀は各教区の聖職者の管轄のもとに行われ、それらの儀礼を記録した教区簿《ぼ》冊《さつ》が作成されるようになった。民衆に対する宗教教育も、説教やカテキズムを中心に日常的に行われるようになる。民衆はカトリシズムの教義に馴染むようになり、これまでともすれば表層的なレベルにとどまっていた信仰を「内面化」するに至ったのである。

その一方で、対抗宗教改革には暗い負の側面も伴っていた。その最たるものが、異端審問である。一五四二年に設置されたローマの異端審問法廷は、教皇庁・カトリック教会の権威に背く人々の摘発を図った。当初、異端審問は穏便に運用されていたが、次第に抑圧的になっていく。パウルス四世期には、ルター派と共謀したという嫌疑をかけられた枢機卿ジョヴァンニ・モローネが逮捕され、審問されるという事件が起きた。また、ピウス五世期には、北イタリアから南部カラブリア地方に移住したワルド派の人々が大量に虐殺される事件も起きている。

4　スペインの平和

オスマン帝国の台頭と地中海世界

オスマン帝国は、一六世紀初頭のセリム一世治下にエジプト、シリア地方、アラビア半島の大半を獲得し、版図の拡大を続けていた。そして、その子スレイマン一世（在位一五二〇―六六）の時代に最盛期を迎えることになる。

一五二六年のモハーチの戦いに勝利してハンガリーを征服したオスマン帝国は、西方へのさらなる拡大を狙って南イタリアへの侵入を繰り返すようになった。彼らは地域の海賊たちと提携し、海軍力を増強させていたのである。これに対し、当初はフランス軍が中心になって、海上におけるオスマン軍の侵攻を阻止していた。これには、ジェノヴァの名門家系の出身で、当時フランス軍の傭兵隊長を務めていたアンドレア・ドーリアの活躍が大きく寄与していた。

ところが、フランスは神聖ローマ帝国（ハプスブルク家）との敵対関係から、同帝国を共通の敵とするオスマン帝国に急速に接近していくことになる。ドーリアはフランスを離れて神聖ローマ帝国につき、海軍提督としてオスマン帝国との戦いに奮闘することになる。

オスマン帝国の勢力伸長に危機感を覚えたローマ教皇パウルス三世は、ヴェネツィア、スペイン（ハプスブルク家）と一五三八年に神聖同盟を結んだ。同年、現在のギリシア北西岸のプレヴェザでヴェネツィア・スペイン連合軍はオスマン帝国軍と戦うが敗北し、ヴェネツィアはエーゲ海での支配権を喪失した。ここに、東地中海におけるオスマン帝国の制海権が確立することになる。

さらに一五七〇年には、スレイマン一世の後継者であるセリム二世が、ヴェネツィアの支配するキプロスを攻撃した。キプロスは一五世紀末まで独立国家であったが、最後の国王となったヴェネツィア貴族出身の女性からヴェネツィアに、支配権が譲渡されていたのである。そこで、ローマ教皇ピウス五世は、ヴェネツィア、スペインと神聖同盟を結んだ。三〇年前の事態の再現である。

翌一五七一年、ヴェネツィア・スペイン・教皇国家の連合軍は、ペロポネソス半島にほど近いレパントで戦い、今度はオスマン帝国軍に勝利することができた。しかし、連合軍は、和平交渉において足並みを揃えることができなかった。ヴェネツィアは「裏切り者」との誹りを受けつつ、キプロスをオスマン帝国に譲渡する見返りに、貿易を継続することで経済的な利益を得る道を選択した。そのため、オスマン帝国の東地中海における優位はしばらくの間、揺らぐことはなかったのである。

「スペインの平和」

オスマン帝国が東地中海を広く支配していたのに対し、西地中海を支配していたのがハプスブルク家のスペイン帝国であった。一六世紀後半のイタリアは、研究史において「スペインの平和」と呼ばれる、スペイン支配のもとで安定した状況にあった。この時期にヴェネツィア共和国駐スペイン大使を務めたトンマーゾ・コンタリーニは、「カトリック王〔スペイン国王のこと〕はシチリア王国、ナポリ王国、ミラノ公国というイタリアで最も美しく、最善の土地を領有している」という言葉を残している。

これら三国を統治するために、スペインはイタリア諮問会議という機関を設置した。これはスペイン人三名と、ミラノ、ナポリ、シチリア各国代表一名ずつの六名から構成され、各国の現状に関する報告書を作成して国王に上申する役割を果たした。基本的な政策は国王が決定権を持ったが、具体的な政策の実施に関しては各国の官僚機構に委ねられた。

「スペインの平和」の時期にスペイン支配下にあった諸国に共通する特徴として挙げられるのが、この官僚機構の肥大化である。書記、司法官、徴税官といった国家機構を担う役職の数が急増した。こうした役職に就いた上層市民層は、爵位や土地を購入することで新しい貴族層を形成していく。

他方で、スペインは一六世紀を通じてオスマン帝国との戦役などで、海軍を中心に巨額の軍事費を支出し続けた。そのため、国債の発行が次第に一般化していく。その結果、国債の買い付けをはじめとして、イタリア諸国、なかでもジェノヴァの金融業者・商人に対する依存を強めていった。

フィレンツェと教皇国家

ここでスペインの直接的な支配下になかった、フィレンツェと教皇国家の一六世紀後半の状況に関して、概観しておこう。

フィレンツェでは、一五三二年にアレッサンドロ・デ＝メディチ（在位一五三二—三七）がフィレンツェ公の地位に就いた。これにより、共和政から君主政への実質的な転換が生じた。この時期に、一族のカテリーナがフランス国王フランソワ一世の子アンリ（二世）に嫁いだ。フランスで、カトリーヌ・ド・メディシスと呼ばれることになる女性である。彼女がフランスの宮廷に食文化を含むルネサンス期イタリアのさまざまな文化をもたらしたことや、フランス国内の宗派対立が過熱化するなかで起きた聖バルテルミの虐殺（一五七二）に深く関与したことは、よく知られている。

その後、アレッサンドロが暗殺されると、メディチ家の傍系であったコジモ一世（在位一五三七―七四）がフィレンツェ公となった。彼は長年のライバルであったシエナを攻略して支配下に置くと、一五六九年に「トスカーナ大公」の称号を手に入れた。これ以後、フィレンツェを中心とする国家は「トスカーナ大公国」の名で呼ばれることになる。

コジモ一世は、住居をシニョリーア宮殿（現在のヴェッキオ宮殿）に移し、さらにアルノ川対岸にあるピッティ宮殿を購入して増築させた。また、政務庁舎として、ヴァザーリの設計によるウフィーツィ宮殿（現在は美術館）を建設した。彼は人文主義者や芸術家を宮廷人として招き入れるとともに、新たに服属させたシエナなどを含むトスカーナ一帯の支配層を一体化させることに心を砕いた。

大公の住居は一六世紀末のフェルディナンド一世（在位一五八七―一六〇九）によって、ピッティ宮殿に移された。シニョリーア宮殿は共和国の時代の象徴であり、君主の住居としては不適切とみなされたからであった。彼は姪のマリア（マリー・ド・メディシス）をフランス国王アンリ四世に嫁がせたほか、絹織物業を振興し、リヴォルノ港を自由港にして貿易を振興した。これがメディチ家最後の栄光の時代であった。

教皇国家では一六世紀後半を通じて、ローマ劫掠によって荒廃した都市ローマの復興が目指された。ファルネーゼ家出身のパウルス三世はミケランジェロを重用し、サン・ピエトロ大聖堂のクーポラの設計の変更やカンピドーリオ広場の再開発といった事業を依頼した。また、シクストゥス五世(在位一五八五―九〇)はラテラーノ宮殿やヴァチカン図書館の建て替えを行ったのに加え、主要な教会を結ぶ直線道路の建設を行った。

こうして、ローマは一六世紀後半に新しい建物が相次いで造られ、都市の相貌を一新させていった。それは、一七世紀におけるバロック文化の開花へと結びつくことになる。

三十年戦争とイタリア

一七世紀に入ると、イタリアは再び戦乱に巻き込まれることになった。ボヘミアのプロテスタント貴族の神聖ローマ帝国に対する反乱に端を発する争乱は、全ヨーロッパ規模に拡大し、戦争は長期化していった。のちに三十年戦争と呼ばれる戦乱である。戦争の過程で、いつしか宗派対立がフランス(ブルボン家)とスペイン・オーストリア(ハプスブルク家)との対立に形を変えるなかで、イタリア諸国にも二つの王家の対立が持ち込まれることになったのである。イタリアにおける三十年戦争は、もっぱら北イタリアを舞台に戦われた。

一六二〇年、ロンバルディア地方北部のヴァルテッリーナ渓谷で、カトリック系住民がプロテスタント系住民を多数殺害する事件が起きた。当時この地域はスイスの自治邦に属し、人口の上では多数を占めていたカトリック系住民が抑圧されていたことが、事件の背景にあった。ヴァルテッリーナ渓谷はジェノヴァからウィーンに至る街道上に位置し、三十年戦争を戦うスペインにとっては不可欠の軍事的要衝であった。

軍事路の安全確保のため、スペインはミラノ公国とともに軍を出動させるが、フランス、ヴェネツィア、サヴォイア公国は連合してスペインと対峙した。このヴァルテッリーナ戦争は六年にわたって断続的に行われるが、結局、現状維持という形でスペインとフランスとの間に妥協が成立して終結した。

だが、息つく暇もなく、次の戦いの火ぶたが切られた。マントヴァ継承戦争(一六二七―三一)である。マントヴァ公兼モンフェッラート公が男子相続者を残さずに没したことにより、事前に相続人に指名されていたゴンザーガ・ヌヴェール家(マントヴァ公家であったゴンザーガ家の分家で、フランスに在住していた)のカルロが二つの公国を継承することになった。

しかし、モンフェッラート公国に野心を示すサヴォイア公国が介入し、スペインもフランスが北イタリアに勢力を拡大することを阻止するために、この動きに同調した。神聖ローマ皇帝軍はマントヴァに侵入し、市内で殺戮・略奪を行うが、国王グスタフ＝アドルフの率いるスウェーデン軍がドイツに侵入したことで、皇帝軍は北イタリアからの撤退を余儀なくされた。結局、カルロがモンフェッラート公を継承することで、戦争は終結した。

その後もフランスは、サヴォイア公国、マントヴァ公国、パルマ公国を誘って、スペインが支配するミラノ公国の包囲網を築こうとするが、サヴォイア公国の内紛もあって、この企てはうまく捗らなかった。一六四八年には、フランス国内でフロンドの乱が勃発し、フランスはその対応に追われることになる。他方、スペインも一六四〇年代に入ると、ポルトガルやカタルーニャでの反乱、さらに後述するナポリでの反乱に悩まされるようになる。

結局、イタリアにおけるフランスとスペイン・オーストリアの争いは、痛み分けのまま一七世紀半ばに終息したのである。

南イタリアの反乱

三十年戦争はイタリアではもっぱら北部で戦われたが、南イタリアもこの戦争と全く無縁というわけではなかった。スペインに支配されるナポリ王国、シチリア王国は、兵士や戦費の調達をスペインから求められ、重い負担を課せられることになったからである。

ナポリ王国では、国王が派遣するスペイン貴族出身の副王による統治が行われた。副王の任期は比較的短かったが、例外は一六世紀半ばのペドロ・デ・トレードである。彼は二一年間(一五三二―五三)にわたりナポリを統治し、その間に中心街であるスペイン地区の開発、トレード通りの開削など、大規模な都市開発を行った。その結果、ナポリは一七世紀初頭に人口二八万人を擁するイタリア最大の都市へと発展した。半島南部でナポリに次ぐ人口を擁したのがプーリア地方の中心都市バーリの二万人であったことを見れば、いかにナポリがこの地域で突出した存在であったか理解できよう。

一六世紀以降、ナポリには王国領内の地方貴族が移住する傾向が顕著となった。商人や職人も急増した。その一方で、周辺農村から多数の貧困層が流入し、彼らは「ラッザローネ」(「貧民」の意)と呼ばれる固有の社会層を形成した。貴族や上層市民、下層民衆が狭い街区の中に共存する独特な都市社会がナポリの特色となり、それはしばしば「悪魔の棲む天国」と揶揄されることになった。

5-4 ナポリのトレード通り

このナポリで、一六四七年に大きな反乱が起きる。発端は、三十年戦争の戦費調達のために課された相次ぐ増税、とりわけ食料品に対する間接税の新設や引き上げである。同年七月、果物税新設に反発して、ナポリ民衆の蜂起が発生する。指導者は魚の行商を営むマザニエッロ(トンマーゾ・アニエッロ)である。そのため、この反乱は「マザニエッロの乱」と呼ばれる。

彼自身は間もなく暗殺されるが、商人や職人たちの支持も得た反乱は広がりを見せ、ついに一〇月には共和政が宣言されるに至る。翌年にはスペイン軍によって鎮圧されるが、一介の行商人を指導者とする反乱が共和政の樹立にまで到達したこの反乱は、ナポリ民衆の間に鮮烈な出来事として長く記憶されることになる。

シチリア王国でも、スペインから派遣される副王による統治が行われたが、行政の主要官職がシチリア人によって占められていた点に、ナポリ王国と異なる特質があった。それはシチリア貴族とスペイン貴族の融合が進んでいた証であると同時に、シチリアにおける住民の自治意識の強さを示すものでもあった。

ナポリ王国と異なるもう一つの特色は、一定規模の人口を擁する都市が複数存在したことである。一七世紀初頭において、シチリアには人口一〇万人を超える都市が二つあった。西部のパレルモと東部のメッシーナである。いずれも海港都市であるが、パレルモが西部の農業、とりわけ穀物生産の利害と密接に結びついていたのに対し、メッシーナは生糸生産をはじめとする商工業の利害と密接に結びついていた。

シチリアでも、一六四七年にパレルモを中心に反乱が起きている。ここでも税負担の重さが蜂起の原因であった。反乱の勃発に対して、副王と貴族は市外に逃れ、権力の空白が生じた。しかし、それを埋める安定した勢力は現れず、反乱は間もなく鎮圧されることになった。

第 6 講

バロックから啓蒙改革へ

17 世紀後半〜18 世紀

ベルニーニ設計のサン・ピエトロ広場(ヴァチカン)

1633	ガリレオ・ガリレイ，異端審問で有罪判決
1701	スペイン継承戦争(～1714)
1706	フランス軍がサヴォイア公国に侵入，スペルガの丘の攻防戦
1713	ユトレヒト条約でサヴォイア公がシチリア王となる
1720	ハーグ条約でオーストリアがシチリア島を領有，サヴォイア家はサルデーニャ王となる
1733	ポーランド継承戦争(～1735)
1737	メディチ家断絶，ロートリンゲン公フランツ＝シュテファンがトスカーナ大公となる
1738	ウィーン条約でナポリ王国とシチリア王国はスペイン・ブルボン家の支配下に置かれる
1754	ナポリ大学に「経済学」講座開設
1763	ナポリ王国で大飢饉(～1764)
1764	ベッカリーア，『犯罪と刑罰』を匿名で刊行
1768	ジェノヴァ共和国，コルシカ島をフランスに売却
1786	トスカーナ大公国で新刑法典が制定され，死刑と拷問が廃止

まったく、近頃は友情なんていったたって口先だけのものさ。……友情とはこの世の中で最も神聖な掟なんだ。それは自然そのものから生れた法則であり、世界全体を治める法則でもある。この法則がぶちこわされて、何の役にもたたなくなってしまったら、あらゆるものがひっくりかえってしまう。
——カルロ・ゴルドーニ『ヴェネツィアのふたご』(田之倉稔編訳『ゴルドーニ劇場』晶文社、一九八三年、三一九—二〇頁。初演一七四七年)

1　バロックの時代と文化

バロック文化

一七世紀を通じて、イタリア諸国は政治的・経済的・社会的に深刻な危機のさなかにあったが、それにもかかわらず文化的には先進的な芸術や学術の発信地であり続けた。この時代の新たな芸術の潮流はローマから生まれ、今日ではバロックの名のもとに呼ばれる。

バロックとはポルトガル語で「いびつな真珠」を意味する「バロッコ barroco」に由来するとされ、本来は否定的なニュアンスをともなった言葉である。ルネサンスの清新で調和のとれた様式とは大きく異なり、大げさで過剰な装飾に満ちた有様は長らく悪趣味なものとして貶《おとし》められてきた。

だが、絵画・彫刻であれ、建築であれ、音楽であれ、大仰なみかけとは裏腹に、対象により接近してみるならば、それらの作品が緻密で合理的な計算に基づいていることがよくわかる。高度に洗練された仕掛けに裏打ちされているからこそ、バロック芸術はその奇想を遺憾なく発揮しているのである。

バロックにおける最大のパトロンは教皇と高位聖職者であった。バロック文化が花開いた一七世紀前半には、ローマの有力貴族出身の教皇が相次いで即位した。ボルゲーゼ家出身のパウルス五世(在位一六〇五―二一)、バルベリーニ家出身のウルバヌス八世(在位一六二三―四四)、パンフィーリ家出身のインノケンティウス一〇世(在位一六四四―五五)、キージ家出身のアレクサンデル七世(在位一六五五―六七)。トスカーナやウンブリアなどの中部イタリアに起源を持つこれらの貴族の家系は、この時代に競うようにバロック様式の壮麗な邸宅や別荘をローマ市の内外に築いた。

バロックの芸術家たち

バロック文化の中心地となったローマだが、ルネサンス全盛期のフィレンツェとは異なり、文化を形作った芸術家たちのなかでローマやその周辺の出身者はほとんどいなかった。たとえば、初期バロックを代表する画家カラヴァッジョ(一五七一―一六一〇)はミラノ近郊の生まれであり、一六〇〇年の聖年に向けた建設ラッシュにより絵画の需要が急増したローマに引き寄せられて到来した。

描かれた民衆の姿を見た人々が「これは自分たちを描いた鏡か」と思ったという逸話を残すほどの緻密な画風と、粗暴な性格とが同居するこの画家は、殺人事件を起こしたことでローマを追われ、その後、半島南部、マルタ、シチリアを放浪し、それらの地の画家たちに「カラヴァッジョ風」と言われる多大な影響を与えた。それでも、彼は最後までローマに戻ることを切望していたのである。いかに当時のローマが芸術家にとって魅惑的な都市であったかを示すエピソードである。

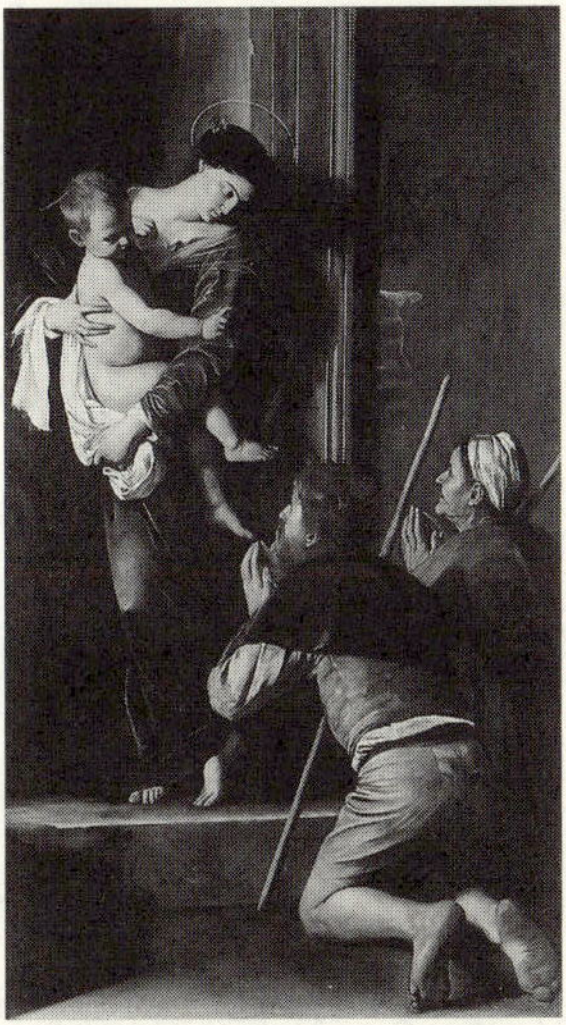

6-1 カラヴァッジョ「ロレートの聖母」(ローマ，サンタゴスティーノ教会)

ローマ出身者が少ないなかで、辛うじて地元出身といえるのがナポリ生まれでローマ育ちのジャン＝ロレンツォ・ベルニーニ(一五九八―一六八〇)である。「ミケランジェロの再来」と謳われた彼は一〇代の頃から彫刻家として名を成し、その後、教皇ウルバヌス八世やアレクサンデル七世の寵愛を受けて、サン・ピエトロ大聖堂内の天蓋（バルダッキーノ）や大聖堂前の広場の設計などを手掛け、総合芸術家として縦横無尽な活躍を遂げた。

彼が制作した人物像の彫刻は、たとえ教会に置かれたものであっても常にどこか艶めかしいし、サン・ピエトロ広場を楕円状に囲むように配した二四〇本の円柱は、奇想としか言いようのない魔術的なトリックを生み出している。彼はまさにバロックの精神の体現者であった。

音楽においてもバロックは一つの時代を画した。ルネサンス期の調和を重んじる作風に対して、聴き手を楽しませるために即興性や技巧を重視する作品が多く作られた。特に、音楽を中核とした総合的な舞台芸術としてのオペラが出現し、隆盛をきわめたことがこの時代の顕著な特徴である。一七世紀前半にヴェネツィアで最初の商業的なオペラ劇場が作られたことを皮切りに、イタリア諸都市に劇場が作られていった。多くの優れた作曲家や歌い手、楽器奏者が登場し、彼らはしばしば他のヨーロッパ諸国の宮廷や貴族に招かれてバロック的な音楽を広めていった。

科学革命とイタリア

一七世紀のヨーロッパでは、のちに科学革命と呼ばれることになる事態が進行していた。それは自然世界の働きを数学的に説明することや、真理の発見のために観察と実験を行うことによって特徴づけられる。こうしたものの見方や方法は古代から存在していたが、それが自然を理解するための学問として総合され、体系化されていったところに大きな特色があった。

この近代的な科学の成立において、イタリア諸国出身の学者たちは重要な役割を果たしたが、なかでも特筆すべきなのがガリレオ・ガリレイ(一五六四―一六四二)である。トスカーナ大公国のピサで生まれたガリレオは、地元のピサ大学で数学教授の職を得た。早くから数学の素養を備えていたわけだが、斜塔から物体落下の実験を行ったという話は事実である可能性が低い。彼が才能を開花させたのはヴェネツィア共和国のパドヴァに移り、自由な気風に触れてからのことである。自ら天体望遠鏡を作製して観測を行い、月の表面が滑らかでないことや木星に四つの衛星があることを発見し、ヨーロッパに広くその存在を知られることになった。

その後、自然界の諸事象を数学によって表現できると主張するようになるが、それは次第にイエズス会士をはじめとする多くの識者との対立を招き、ついには一六三三年の異端審問において、自らの主張した地動説の放棄を余儀なくされた。

もっとも、両者の対立を「近代科学の父」ガリレオと頑迷で保守的な宗教者たちとの対立とみなすことは正しくない。教義上の制約があったとはいえ、カトリック教会の聖職者のなかにも数学的思考と観察に基づいて自然の諸事象を理解しようとする人々が多く存在していたし、イエズス会は数学教育を重視していた。ガリレオが困難な事態に陥ったのは、自信過剰に由来する攻撃性や、親交のあったウルバヌス八世の庇護を過信していたことにみられる処世術の拙さといった、彼自身の人間性に由来するところも多分にあった。

ガリレオが地動説を異端として認めたのちも、観察に基づく天文学はイタリア諸国で発展をみた。イエズス会士のジョヴァンニ＝バッティスタ・リッチョーリは、望遠鏡による観察に基づいて月面図を作成し、ジェノヴァ共和国出身のジョヴァンニ＝ドメニコ・カッシーニはフランスに活動の拠点を移したのち、精密な経度の測定を行い、土星の四つの衛星を発見した。

その後、自然科学の研究拠点は次第にヨーロッパの北側に移っていくが、一八世紀後半に動物電気説を唱えたルイージ・ガルヴァーニや、それを否定して金属だけで電流が起こることを証明したアレッサンドロ・ヴォルタなど、実験と観察を重視する自然科学の伝統はその後も継承されていく。

2　経済構造の転換

危機の時代と人口動態

一七世紀のヨーロッパは、度重なる戦争と寒冷な気候による不作、疫病の流行といった要因が重なり、深刻な危機に陥った。そのため、人口が停滞ないし減少する地域がほとんどであった。

イタリア諸国も例外ではない。一五世紀以前の人口動態については第4講で紹介したが、一六世紀の一〇〇年間で九〇〇万人から一三五〇万人へと急増していた人口は、一七世紀半ばには一一〇〇万人近くまで激減した。

この時期には疫病が猛威を振るった。一六三〇年から翌年にかけては、ヴェネツィアやボローニャといった北中部の都市を中心に、ペストが流行した。ヴェネツィアではこのペスト禍が去ったことに対する神への感謝として、サンタ・マリア・デッラ・サルーテ教会が創建されている。一六五六年から翌年にかけても、ジェノヴァやナポリなどイタリア全域でペストが流行した。戦争の際に感染が広がることの多い発疹チフスも、一六二〇年や一六四八年などに流行している。

一七世紀には、ヨーロッパ経済の構造転換も起きつつあった。大西洋交易や喜望峰経由のインド洋交易の登場は、一六世紀の段階ではむしろ地中海交易の発展をもたらしたが、一七世紀になると地中海交易の占める比重の低下が明らかになった。アントワープやアムステルダムといった大西洋や北海沿いの港町が急成長する一方で、ヴェネツィアは東方貿易の独占的地位を失っていった。イタリア諸都市で生産される品質の高い織物は、その価格の高さが災いして国際的な競争力を失っていった。製造業が次第に衰退していくなかで、イタリア諸国の経済は金融や保険といったサービス業、そして農業への依存を強めていくことになる。

一八世紀に入るとヨーロッパの人口は増加に転じ、とりわけ世紀後半には爆発的な人口増大の時期を迎えることになる。その直接的な要因は、農村部における結婚年齢の低下に伴う出生数の増大であった。イタリア諸国でも同じ傾向が見られ、人口は一七五〇年に一五三〇万人、一八〇〇年には一七八〇万人へと急増していった。

ただし、人口の伸びは他のヨーロッパ諸国よりは低い水準にとどまった。イタリア諸国はもともと人口密度の相対的に高い地域であったし、北西ヨーロッパ諸国における食糧生産の飛躍的な増大をもたらした農業革命の恩恵を地理的・自然環境的な理由から受けにくい状況にあった。

ヨーロッパ経済の拡大局面のなかで、イタリア諸国も一八世紀後半には経済成長を遂げていく。だが、それは人口の増大と同様に、英仏をはじめとする他のヨーロッパ諸国に比べれば低いものであった。輸入が輸出を常に上回る状況となり、イタリア諸国のヨーロッパ内における経済的地位は相対的に低下していく。それとともに、貴族や上層市民層の関心は輸出向け産品の生産よりも農業経営に傾斜していった。

近年の研究では、絹織物など依然として国際競争力のある産品が存在し、この時期にイタリア経済の中心が製造業から農業に転換したことを過度に強調することを戒める議論が出されている。確かにその点は首肯できるが、それでも全体的な傾向としてイタリア諸国が農業中心の経済に移行しつつあったことは否めないだろう。

農村経済の変容

一七世紀から一八世紀にかけて、都市部では絹織物や家具、ガラス製品といった奢侈品の生産が一定の水準を維持したが、毛織物業は国際競争力を失って衰退していった。その一方で、都市のギルド支配を逃れ、豊富で廉価な労働力を求めて農村に紡績や織布の工場を作る動きが、とりわけミラノ公国やヴェネツィア共和国などで見られた。近年の研究で「プロト工業化」と呼ばれる農村工業の台頭である。こうした地域の一部は、一九世紀におけるイタリアの産業革命の中心地となっていく。

農業においては、一八世紀に地域的な差異がいっそう顕著となり、二〇世紀にまで続くイタリア農業の特徴を形作っていった。

まず、北イタリアにおけるポー川の中下流域では、灌漑水路をめぐらした大規模な農場が形成され、領主から委託された借地人によって経営が行われた。また、コメやトウモロコシなど新しい作物の栽培が普及し、農業革命の影響のもとで新しい農法も導入された。特にミラノ公国内では、酪農部門を併設した「カシーナ」と呼ばれる大農場が形成され、高い生産性を誇った。農民はカシーナに住み込む常雇いや、周辺から集まる日雇いなどに階層分化していった。

トスカーナ大公国など中部イタリアでは、大地主のもとに集められた土地が農民家族に分割されて家族単位で経営される、折半小作制(メッツァドリーア)が普及した。丘陵地の広がる中部イタリアでは、ポー平野のような形の大農場を作ることは不可能であり、傾斜地を利用した穀物とオリーブやブドウとの混合栽培が中心であった。そのため、比較的狭い土地に家族の労働力を結集して耕作するという方法が採られたのである。

南イタリアでも土地は大地主層に集中したが、農業革命の恩恵を受けにくい自然環境にあるこの地域では、依然としてきわめて粗放な農法による穀物栽培が行われていた。農民たちは飲料水に恵まれ治安上も比較的安全な場所に集住して、都市といっても過言ではない村落を形成し、そこから遠く離れた農場まで働きに行くことを余儀なくされた。

その一方で、都市に隣接する平野部を中心に、オリーブやブドウ、かんきつ類の生産がいっそう盛んになった。オリーブ油やオレンジ、レモンはこの地域の主要な輸出品となっていく。長い航海を求められたイギリス海軍はビタミン不足に由来する壊血病を予防するために、シチリア産のかんきつ類を求めた。また、オリーブ油は石鹸などの原料としてだけでなく、歯車の潤滑油としても重宝され、イギリスの産業革命に一定の役割を果たした。南イタリアの農産物は、大英帝国の栄光を陰ながら支えることになるのであった。

3　三つの継承戦争とイタリア

サヴォイア公国の台頭

一七世紀後半の地中海世界は、政治的にも大きな構造転換の時期を迎えていた。東の大国オスマン帝国はクレタ島をヴェネツィアから奪って史上最大の版図を得たが、第二次ウィーン包囲(一六八三)に失敗すると、それに続く諸戦争に敗北してハンガリーなどを喪失し、勢力を大きく減退させた。西の大国スペインも本国での経済的な衰退に加え、カタルーニャの反乱やオランダとの戦争に苦しみ、往年の輝きを失っていった。スペインの退潮を尻目に勢力を増したルイ一四世治下のフランスは、ハプスブルク家のスペイン・オーストリアを主たる敵として幾度もの戦争を繰り広げていく。

このフランスとハプスブルク家との抗争のはざまにありながら、イタリアの有力な一国として台頭したのがサヴォイア公国である。

一九世紀に成立した統一イタリア王国の王家として君臨することになるサヴォイア家であるが、もとはといえばアルプスの狭小な領地を保有する地方貴族に過ぎなかった。家の起源については未詳であるが、一一世紀前半にウンベルト一世が時の神聖ローマ皇帝からサヴォイア伯を授与された。代々、所領を拡大することに熱心な家柄であり、一四世紀にアメデーオ七世がニースを獲得し、ジュネーヴ湖から地中海に達する領地を保持すると、次のアメデーオ八世はサヴォイア公位を授与された。

その後、一六世紀前半のイタリア戦争時にはフランスに所領の大半を占領されるという苦境にも見舞われたが、カトー・カンブレジ条約で領土を回復すると、その後は都をシャンベリ(現フランス領)からトリノに移し、国力を増大させた。

一七世紀初頭には、カルロ＝エマヌエーレ一世が東南に隣接するモンフェッラート公国の公位継承に介入し、スペインと一戦を交えた。これに敗北すると、フランス・ヴェネツィアと同盟を結んで再びスペインと戦うが、戦いのさなかにスペインとフランスがサヴォイア公国の頭ごしに和解してしまう。

だが、モンフェッラート公国の継承問題が再燃すると、今度はスペインと結んでフランスと戦うものの、フランスに領土を占領される事態に陥り、やむなくフランス側に寝返ってスペインと戦う道を選んだ。中小国が大国の対立の間隙を縫って生き抜くためのなりふり構わぬ手法であったが、この一連の戦争の結果、サヴォイア公国はモンフェッラートの領土の一部を獲得することに成功する。

スペイン継承戦争

一七〇〇年にスペイン国王が跡継ぎを残さずに急逝し、王位がハプスブルク家からブルボン家出身者の手に渡ることになった。これをフランスによる膨張とみなして不満を抱くオーストリア、イギリス(イングランド)、オランダなどが同盟を結び、フランスに対する戦争が始まった。これまでスペインによる支配を受けてきた北イタリアの諸地域も、継承をめぐる紛争の対象となり、激戦の舞台となった。

サヴォイア公国は当初フランス・スペインの側に立ったが、間もなくオーストリア側に転じてフランスと戦う。モンフェッラート公国継承をめぐる戦争の際に起きた事態の再現であった。一七〇六年、フランス軍は猛攻をしかけトリノ近郊まで攻め入るが、スペルガの丘での攻防戦を耐え忍んだサヴォイア軍は遂にフランス軍を敗走に追いやった。サヴォイア家の窮地を救ったこの丘にはそれから間もなく、シチリアから招聘された建築家フィリッポ・ユヴァッラによる大聖堂が建立され、歴代君主が埋葬されることになる。

6-2　スペルガ大聖堂(トリノ近郊)

フランスの敗走は、オーストリアによるイタリア支配に道を開いた。翌年にオーストリアはミラノやマントヴァを占領し、さらにナポリ王国をスペインから奪う。一七一三年に結ばれたユトレヒト条約において、オーストリアはミラノ公国、ナポリ王国、サルデーニャ王国などを領有した。他方で、功績のあったサヴォイア家はシチリアの領有が認められ、シチリア王として長年の宿願であった王位を獲得した。

しかし、サヴォイア家の喜びは儚《はかな》いものであった。イタリアでの足場を失ったスペイン国王フェリーペ五世が、サルデーニャとシチリアへの軍事遠征を敢行したのである。この事態を収拾すべく、オーストリアとイギリスに加え、フランスまでもが介入したので、スペインは撤退を余儀なくされた。オーストリアはスペインの動きを封じるために、シチリアを支配下に置くことを求めた。その結果、一七二〇年に結ばれたハーグ条約では、シチリア島をハプスブルク家、サルデーニャ島をサヴォイア家がそれぞれ支配することになった。これ以降、サヴォイア家の歴代当主はサルデーニャ国王として知られることになるが、彼らの統治の基盤はあくまでも首都トリノとピエモンテ地方であり続けた。

ポーランド継承戦争とオーストリア継承戦争

一七三三年にポーランド王位の継承をめぐる紛争を発端として、全ヨーロッパ規模での戦争が再燃した(ポーランド継承戦争)。フランスはオーストリアへの対抗から、スペインやサルデーニャ王国と同盟を結んだ。スペイン国王フェリーペ五世はオーストリアが領有するシチリア王国、ナポリ王国に攻め込んで占領した。彼は子のカルロ(カルロ七世)にナポリとシチリアの二つの国王位を与えた。これ以降、南イタリアの二つの王国はスペインの支配下に置かれることになる。ハプスブルク家からブルボン家に支配者が交代していたとはいえ、南イタリアにおけるスペイン支配が復活したのである。

ただ、ブルボン家による支配は二つの点で従来のスペイン支配とは異なっていた。一つは、これまで南イタリアの国王はスペイン国王との兼任であり、スペインは副王を派遣して南イタリアを統治していたのに対して、カルロ七世以後は本国と分離され、国王自らが南イタリアに居住してより直接的な統治を行った点である。

もう一つは、ナポリとシチリアの二つの王国はそれぞれ独立した別個の国家であったものの、両国王を兼任する王がナポリに主として居住して支配の拠点としたために、ナポリがシチリアに対して優越する状況が生まれ、それがその後のシチリアの自治や独立を求める運動を生むことになったという点である。

一七四〇年に神聖ローマ皇帝カール六世が没すると、皇帝位を娘のマリア＝テレジアが継承することの是非をめぐる紛争が戦争へと発展した（オーストリア継承戦争）。ここでも北イタリアは主たる戦場の一つとなり、ミラノが一時フランス・スペイン軍によって占領されるという事態も生じた。しかし、勢力の拡大を図ったフランスのもくろみは失敗し、ポーランド継承戦争後にハプスブルク家の支配に服したパルマ公国がブルボン家の手中に入ったことを除けば、イタリアにおける勢力図はこの戦争によって大きく変化することはなかった。

なお、この二つの継承戦争の狭間の時期にあたる一七三七年に、トスカーナ大公ジャン＝ガストーネが没した。彼は晩年において一日の大半をベッドの上で過ごしたと言われ、子どもをもうけることもなかった。メディチ家の断絶が確実視されるなかで、大公位はマリア＝テレジ

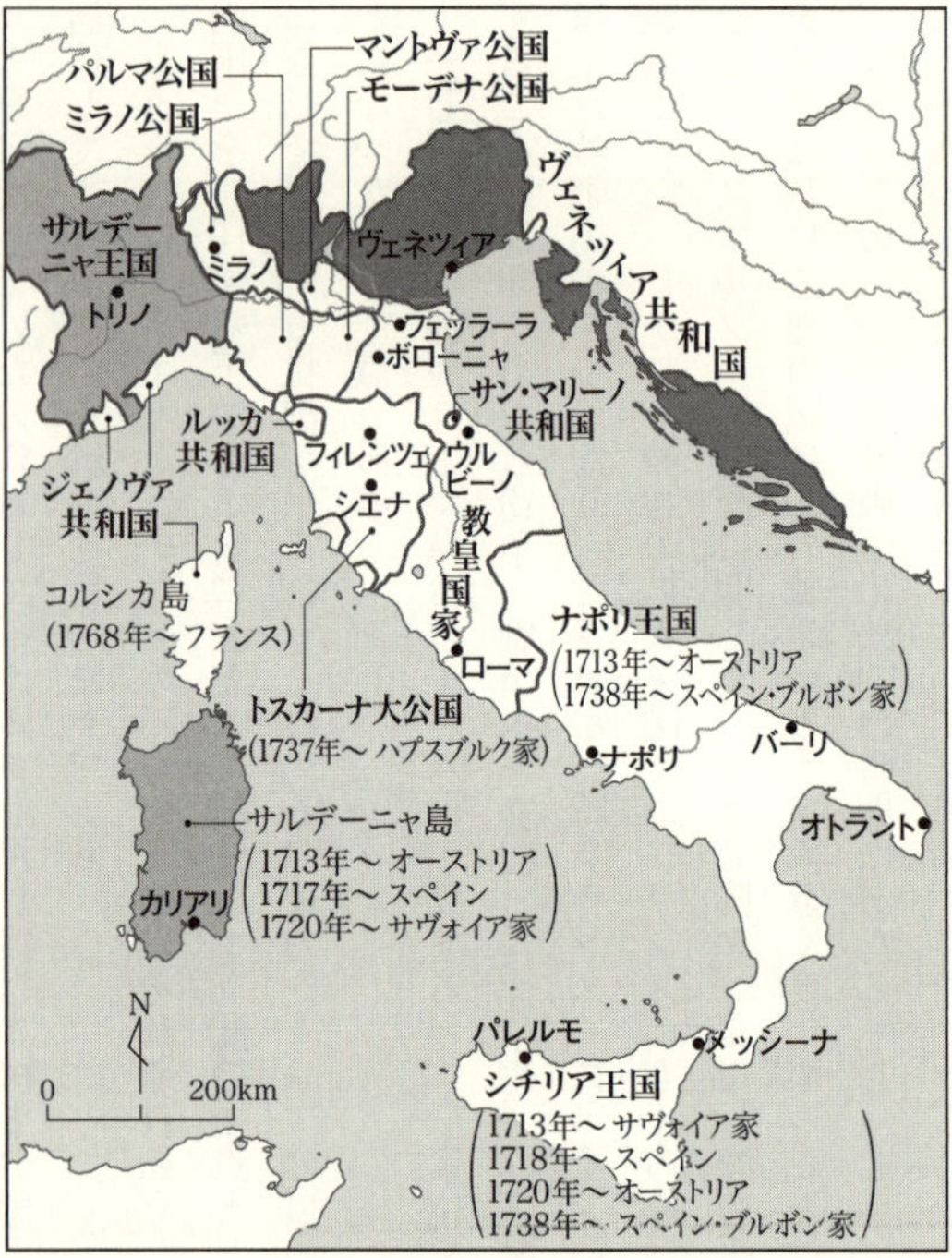

6-3　18世紀のイタリア

アの夫であるロートリンゲン公フランツ＝シュテファンに継承されることが既に決められていた。トスカーナ大公国はジャン＝ガストーネの死とともに、実質的にハプスブルク家が支配することになったのである。

こうして一八世紀半ばのイタリアでは、ミラノ公国やマントヴァ公国、トスカーナ大公国など北中部の多くの地域が、直接的か間接的かの違いはあれども、オーストリアの支配下に置かれることになった。また、南イタリア（ナポリ王国・シチリア王国）はブルボン家治下のスペインの支配に服した。外来の支配者に支配されていないのは、サルデーニャ王国と教皇国家、それにヴェネツィアとジェノヴァという二つの共和国だけであった。一八世紀後半は大きな戦争もなく、この構図が世紀末のナポレオン軍の侵攻まで続くことになる。

4　イタリアの啓蒙改革

啓蒙思想の萌芽

対抗宗教改革により、カトリック教会は新たな活力を獲得した。世界規模での布教活動に加え、これまで儀礼の上では信徒であったとしても教義の面ではカトリック信仰を十分に理解しているとは言い難かった民衆に対しても、信仰を内面化するためにカテキズム（教理問答）の導入などきめ細かい対応を施し、成果を挙げた。

だが、カトリック教会の得た自信は、ともすると行き過ぎた事態を招くことになる。異端審問に象徴されるように、教会が正統と認めたもの以外の教義解釈や儀礼は禁止され、厳格に取り締まられた。列聖の権限が教皇に一元化されるなど、教皇や教皇庁の聖職者に対する管理は強化された。イエズス会をはじめ対抗宗教改革の渦中に生まれた修道会は、この教皇庁の姿勢を側面から支えることで既得権益の擁護者となっていく。

一八世紀に入ると、こうした状況を批判的に捉える思潮が登場する。批判といってもカトリック信仰そのものに対するものではなく、あくまでも世俗の権力(王権)と教会の権力(教権)とを分離し、それぞれの機能と権限を明確にすべきであるという考え方であり、「国権主義(ジュリスディツィオナリズモ)」と呼ばれた。イタリア諸地域に対するハプスブルク家の影響力が高まるなかで、皇帝権力が教会権力に対して優位に立つことを期待する立場であった。

それを代表するのが、イタリア半島南部に生まれ、ナポリで学問的な研鑽を積んだピエトロ・ジャンノーネ(一六七六―一七四八)である。だが、教会の世俗権力への介入を痛烈に批判した著作『ナポリ王国文明史』(一七二三)は教会の逆鱗に触れた。彼はナポリを追放されてウィーンに亡命する。その後、祖国への帰還を試みるが成功せず、北イタリアの諸都市を放浪したのちサルデーニャ王国領内で捕らえられ、一二年ものあいだ収監された末にトリノで獄死した。国権主義を主張すること自体が生命の危機にさらされる時代であった。

ジャンノーネと同じ思潮にありながら、それをより穏健な、あるいはより巧妙な形で表出したのが、モーデナ公国出身の聖職者ルドヴィーコ＝アントニオ・ムラトーリ(一六七二―一七五〇)である。彼は中世のイタリア諸国に関する浩瀚な史料集を刊行し、それに基づく『イタリア年代記』を著した。それは実証的な歴史研究の基礎を築くものとして今日でも評価されるが、同時に教皇権力と皇帝権力との抗争の歴史を鋭く批判するものでもあった。さらに彼は、社会改革の必要性を君主たちによびかけた『公共の福祉について』(一七四九)を著し、「公共の福祉」はイタリア啓蒙のスローガンになっていく。

これに対し、一貫してナポリで執筆活動を行ったジャンバッティスタ・ヴィーコ(一六六八―一七四四)は、当時のヨーロッパ思想界を席巻していたデカルトの機械主義的な自然観に異を唱え、自然は神の作ったものであるから人間には理解できず、人間に理解できるのは人間が作ったもの、すなわち歴史だけであると主張した。

ヴィーコはその主著『新しい学』(初版、一七二五)において、人間が歴史を作る際の詩的想像力を重視し、歴史と言語から構成される新しい学としての人間学を構想した。彼の思想は同時代的にはデカルトほどの影響力は持ちえなかったが、近代主義の行き詰まりとともにいま再び大きな注目を集めるにいたっている。

ナポリ啓蒙とミラノ啓蒙

一八世紀前半に相次いだ戦争による戦費の増大で、イタリア諸国では国庫の収支が急激に悪化した。人口の増大で食糧事情が悪化し、民衆による一揆的な行動も多発していた。オーストリア継承戦争後に訪れた比較的平穏な時代状況のもとで、国家をいかに運営していくかが大きな課題として浮上した。フランスをはじめとする他のヨーロッパ諸国の思想的影響を受けながら、「公共の福祉」をキーワードとするイタリア諸国の独自の啓蒙思想が登場する。その主な舞台はナポリとミラノであった。

ナポリ啓蒙を代表するアントニオ・ジェノヴェージ（一七一三―六九）は、一七五四年にナポリ大学にヨーロッパでも最初期の一つに数えられる「経済学」講座を開設したことで知られる。自然法に基づく所有権の不可侵を重視し、そこから封建的な大土地所有に対する呵責ない批判を展開した。

封建制に代わる新しい社会秩序として彼が構想したのが、自由な交換を基礎とした商業社会である。その主著『商業すなわち市民経済学の講義』（一七六五）における「現代の諸君主国や諸共和国の精神は、偉大な征服への道が既に閉ざされた以上、商業の精神以外ではありえない」という一文は、そうした新しい秩序の宣言に他ならなかった。ナポリでは、ジェノヴェージの薫陶を受けたジュゼッペ＝マリア・ガランティやフランチェスコ＝マリオ・パガーノらが自らの思想を展開していく。

教皇庁による政治への強い介入が見られたナポリとは異なり、ミラノではオーストリア支配のもとで国権主義が知識人の間に定着していた。一七六〇年代には青年層を中心に「拳《こぶし》の会」というサークルが作られ、雑誌『イル・カッフェ（コーヒー店）』を発行して、啓蒙思想に基づく社会改革の必要性を訴えた。

このグループの中心にいたのが貴族出身のピエトロ・ヴェッリ（一七二八―九七）である。彼は、「社会契約の目的とは社会を形成する人々の安寧であり、それこそが公共の福祉である」

と論じ、公共の福祉の実現のために知識人が社会秩序を維持する活動に従事する必要性を説いた。実際に、彼は一七六五年にウィーン政府の肝いりでミラノに設置された経済最高評議会のメンバーとして、啓蒙改革に従事した。イタリア諸国における啓蒙思想家は、そのほとんどが官僚ないし政治家として実務に当たっている。

そして、ミラノ啓蒙において最も注目すべき人物がチェーザレ・ベッカリーア（一七三八―九四）である。彼の名はその著書『犯罪と刑罰』（一七六四）とともにある。彼はこの書において、「最大多数の最大幸福」という観点から法律を批判的に理解すべきであるとし、そこから罪刑法定主義や推定無罪、取り調べでの拷問の禁止といった主張を打ち出していく。

とりわけ重要なのが、死刑制度の廃止を提唱したことである。「社会に害を与えてやると決めた人間が、極刑を怖れて、実際にその侵害行為を思いとどまるということは決してない」と彼は決然と述べている。この書で展開された彼の思想は、大きな影響を全ヨーロッパに与えることになる。

6-4　チェーザレ・ベッカリーア

ミラノ公国とナポリ王国の啓蒙改革

一八世紀後半の束の間の平穏の時代に、イタリア諸国では他のヨーロッパ諸国と同様に、啓蒙思想の影響を受けた上からの改革、いわゆる啓蒙改革が行われた。国によって改革のあり方は多様であったが、多くの国に共通した特徴もあった。封建領主や教会の既得権益を制限するための制度改革、食糧生産を増大するための土地改革や土地改良の推進といった施策である。

とりわけ教会や修道院の特権を制限する動きは顕著であり、教会・修道院への土地の寄進と集中をもたらしていた死手譲渡(マーノモルタ)が禁止されたり、免税特権が廃止されたりした。同時期のフランス、スペイン、ポルトガルと同様にイエズス会の追放も相次いで行われ、一七七三年には教皇庁がこの修道会の解散を命じる事態にいたっている。

ミラノ公国では、オーストリア君主マリア゠テレジアや後継のヨーゼフ二世の指示のもとで改革が推進された。まずトスカーナから実務に長けたポンペオ・ネーリが招かれ、土地台帳の作成が開始された。土地台帳の完成により特権に基づく免税措置が撤廃され、農村における旧来の支配層が大きな打撃を受ける一方で、新興の上層ブルジョワによる土地の集積が進んだ。彼らは農業革命の成果を吸収し、新しい農法や略農の導入によって農業生産を増大させていった。

また、宰相に直属する部局を設置してウィーン政府との連携を強化し、新興の地主層に有利な地方自治制度を作るなど、行政制度の刷新を行った。さらに、首都ミラノの拡張を図り、スカラ座をはじめとする豪奢な建造物が作られていった。この一連の改革により、ミラノ公国は近代的な装いを身にまとい始めていく。

ナポリ王国では、国王カルロ七世によりトスカーナ出身の法律家で国権主義者のベルナルド・タヌッチが司法長官として起用された。彼は封建領主や教会の特権を制限することを目指し、行政・司法制度の改革に着手した。ミラノ公国と同様に土地台帳の作成や税制改革が試みられたが、ナポリでは貴族や教会の強い抵抗にあって改革はいったん挫折した。

だが、フェルディナンド四世が幼少で即位すると、タヌッチは後見役として再び宮廷に重用され宰相となった。一七六三年から翌年にかけて王国を襲った大飢饉に際しては、食糧調達委員会(アンノーナ)の権限を封建領主層から奪回し、ついでイエズス会士を王国外に追放して、没収した修道院領を農民に分割した。彼の改革は軌道に乗ったかに見えたが、国王が成人に達すると、后となったハプスブルク家出身のマリア゠カロリーナ(フランス国王ルイ一六世妃マリー゠アントワネットのすぐ上の姉)との不和が露わとなり、タヌッチは罷免された。

後任は王妃の寵愛を受けたフランス生まれのアイルランド系海軍将校ジョン・アクトンであったが、彼は王国の貴族層から冷淡な扱いを受け、民衆の支持も得られなかった。それでも、一七八三年にカラブリアを中心に大地震が発生して甚大な被害を受けたときには、迅速な復興政策を採用し、その後の農業振興をもたらした。

トスカーナ大公となったロートリンゲン公フランツ＝シュテファンは、大公国の政治を自らが任命して派遣した摂政たちに委ねた。彼とその妻マリア＝テレジアがフィレンツェを訪れたのは、即位から間もない時期の一七三九年の一度だけであった。だが、一七六五年に彼が亡くなり、その子ピエトロ＝レオポルドが大公位に就くと、新大公は直ちにフィレンツェに住まいを移して親政を始めた（在位一七六五―一九〇）。のちにレオポルド改革と呼ばれる時代の幕開けである。

トスカーナ大公国のレオポルド改革

若き君主は、彼が即位する直前に起きた大飢饉の原因を食糧の円滑な流通をはばむ規制にあるととらえ、穀物流通の全面的自由化を行った。また、徴税請負制の廃止や同職組合の縮小・廃止など、既得権益を解消していった。さらに、農業生産の向上を目指して、国有地や修道院領などを農民に永代小作の形で貸与して自作農民を増やすことを計画したり、基礎自治体を制度化して一元的な地方自治制度を確立したりするなどした。こうした一連の政策を推進するうえで、ミラノから戻ったネーリやフランチェスコ＝マリア・ジャンニといった地元出身の有能な官僚たちが大公の右腕として活躍した。

レオポルド改革の白眉というべきなのが、一七八六年に制定された新刑法典である。死刑と拷問の廃止を盛り込んだこの刑法には、ベッカリーアの『犯罪と刑罰』の影響が深く刻印されている。

ピエトロ＝レオポルドは兄ヨーゼフ二世の急死に伴い、神聖ローマ皇帝となるために一七九〇年にウィーンへと戻る。フランスで大革命が進行していたこともあいまって、トスカーナ大公国の改革は完成を見たと言い難いが、死刑制度の廃止はその後も持続され、一九世紀に成立した統一イタリア国家にも受け継がれていくことになる。

第7講

リソルジメントの時代

19世紀前半

ガリバルディ像(ピサ)

1789	フランス革命勃発
1796	ナポレオンのイタリア遠征開始
1797	ヴェネツィア共和国とジェノヴァ共和国の滅亡
1799	フランス軍によるイタリア占領の終焉
1800	ナポレオンの第2次イタリア遠征開始
1806	フランス軍がナポリ王国を占領，イタリア半島全体を支配下におく
1814	ウィーン会議(～1815)
1820	両シチリア王国領内(半島南部)でカルボネリーアの蜂起
1831	マッツィーニ，「青年イタリア」を結成
1848	パレルモ，ミラノ，ヴェネツィアなどで民衆蜂起
	両シチリア王国，トスカーナ大公国，サルデーニャ王国で憲法が制定される
	サルデーニャ王国，オーストリアと開戦(第1次独立戦争)
1849	ローマ共和国成立
	サルデーニャ王国，ノヴァーラの戦いでオーストリアに敗北
	パレルモ，ローマ，フィレンツェ，ヴェネツィアの臨時政府が崩壊
	革命の終息
1852	カヴール，サルデーニャ王国首相となる
1858	カヴールとナポレオン3世，プロンビエールの密約を結ぶ
1859	サルデーニャ王国とフランス，対オーストリア開戦(第2次独立戦争)
1860	トスカーナ，エミリアなどで住民投票，サルデーニャ王国への帰属を決める
	ガリバルディによるシチリア遠征，シチリアと半島南部を占領
1861	イタリア王国の成立

「叔父上は、ドン・ペッピーノ・マッツィーニの共和政でもよいとおっしゃるのですか？　もし共和政になることを食い止めたいというならば、もし何も変えたくないというのならば、すべてを変えなければならないのです」

――ルキノ・ヴィスコンティ監督『山猫』（一九六三年。タンクレディの台詞）

1　フランス革命とナポレオン支配

リソルジメント

一九世紀前半のイタリアは、しばしば「リソルジメントの時代」と呼ばれる。「リソルジメント」とは復興、再興を表すイタリア語で、すでに一八世紀後半から用いられていた言葉である。イタリア諸国を再生し、過去の栄光を取り戻すということであり、その際に参照されたのがルネサンス期における文化の輝きであった。

日本ではリソルジメントを「イタリア国家統一運動」と訳すことがあるが、本来この言葉には、イタリア諸国を単一の国家にするという意味合いは込められていなかった。確かに、一九世紀前半にはイタリア統一を政治的な目標に掲げる人が次第に増えていくが、その方法や統一国家の具体的なイメージは論者によってさまざまであった。また、イタリアから外国出身の君主を駆逐し、政治的なイニシアティブをイタリア人の手に取り戻そうと考える人々の中には、これまでの国家の枠組みを解体して統一国家を作ることに反対であったり、消極的であったりした人々も多く存在していた。

それゆえ、リソルジメントが国家統一を目的とした運動であると理解することは正しくない。しかし、この時期のさまざまな動きを経て、結果的にイタリアに統一国家が誕生したことは事実であり、その意味で、リソルジメントをイタリア統一にいたる一連の過程として見ることは可能であろう。

フランス革命とナポレオンのイタリア遠征

一七八九年にフランス革命が勃発すると、イタリアでも革命に共鳴し、それに連動しようとする人々が現れた。彼らは専制政治からの解放や自由と平等の原則の確立を求め、次第に自らを「愛国者(パトリオータ)」と呼ぶようになった。これに対し、彼らに敵対的な人々は、彼らのことを「ジャコビーノ」と呼んだ。フランス革命が急進化する中で成立したジャコバン独裁を恐怖政治として非難する立場からの、否定的な呼称である。イタリア諸国の支配層は革命に対する憎悪を募らせていた。

フランスのジャコバン独裁がクーデタで終焉し、一七九五年に総裁政府が成立すると、翌年三月に新政府はナポレオン・ボナパルトをイタリア方面軍司令官に任命した。ナポレオンによるイタリア遠征の開始である。

彼がコルシカの生まれであることはよく知られているが、彼の祖先はトスカーナ出身であり、一六世紀にコルシカに移住したとされている。コルシカは一五世紀以来、ジェノヴァ共和国の支配に服していたが、一八世紀半ばにパスクワーレ・パオリを指導者とする独立運動が激化し、その鎮圧に手を焼いたジェノヴァが一七六八年にフランスに売却したことによってフランス領となった地であった。ナポレオンが生まれたのは、そのわずか一年後のことである。また、彼の父カルロ(シャルル)はイタリア半島で学問を治め、一時独立政府を樹立したパオリのもとで政務を司ったこともあった。

このように、ナポレオンはイタリア諸国とは幾重にも連なる縁を持っていた。もっとも、イタリア遠征中に、自らの署名をブオナパルテ Buonaparte からフランス語風のボナパルト Bonaparte へと変えていった彼にとって、イタリア諸国との縁は断ち切るべき桎梏《しっこく》であったのかもしれない。

フランス軍によるイタリア支配

一七九六年四月にピエモンテに侵入したナポレオン率いるフランス軍は、五月にローディの戦いでオーストリアに勝利して、ミラノ公国領を支配下に置いた。ついで教皇国家領に軍を進めてポー川流域を占領し、一二月にチスパ

7-1　チスパダーナ共和国の三色旗

ダーナ共和国を樹立した。「チス cis」は手前、「パダーナ」はポー川流域を意味し、チスパダーナはポー川の南側を指す古代ローマ起源の歴史的な名称である。この共和国では、国のシンボルとなる旗として緑・白・赤の三色旗が採択された。

フランス軍は、一七九七年に入るとヴェネツィア共和国領内に侵攻し、四月にはヴェローナで起きた民衆反乱をきっかけとしてヴェネツィア共和国領を支配下に置いた。また、六月にはジェノヴァの愛国者（パトリオータ）の反乱に介入し、ジェノヴァ共和国領を占領した。中世以来の長い栄光の歴史を誇った二つの海洋共和国は、ここにあっけなく消滅した。

さらに六月にはロンバルディア地方にチザルピーナ共和国を作り、チスパダーナ共和国を併合したうえで、フランスの一七九五年憲法に範をならった、穏健な内容の憲法を制定した。これにより封建的諸特権が廃止され、教会・修道院領が没収・売却されて、富裕層による農地の集積が進んだ。フランスはチザルピーナ共和国の承認を得るためにオーストリアとカンポフォルミオ条約を結び、旧ヴェネツィア共和国領をオーストリアに割譲した。その後、ナポレオンは対イギリス戦争のためにイタリアをいったん離れることになる。

一七九八年になると、フランス軍の矛先は教皇国家とナポリ王国に向かう。二月にローマ市で民衆反乱が起きたのに乗じて侵攻し、教皇国家を支配下に置いた。教皇ピウス六世(在位一七七五―九九)はトスカーナ大公国に亡命する。一一月にナポリ王国軍がローマに攻め込むとこれを撃退し、敗北したナポリ王国では国王フェルディナンドがナポリからパレルモへの亡命を余儀なくされた。

翌一七九九年一月、国王が不在となったナポリでは愛国者(パトリオータ)が権力を掌握して共和政の成立を宣言し、のちに「ナポリ革命」と呼ばれる事態にいたった。フランスはナポリに急進的な政府が誕生することを望まず、フランスとイタリア人愛国者たちは政権の運営をめぐってしばしば衝突することになる。この年の三月には、フランス軍はトスカーナ大公国も占領している。

だが、フランス軍によるイタリア支配が長く続くことはなかった。一七九九年四月にオーストリアとロシアの連合軍がロンバルディアに侵攻すると、チザルピーナ共和国はまたたく間に崩壊した。それをきっかけに、各地で民衆反乱が続発する。

トスカーナ大公国内では、聖職者の支援を受けた民衆が「ヴィヴァ・マリア(聖母万歳)」と叫んで蜂起した。ナポリ共和国では、ルッフォ枢機卿に率いられた「サンタ・フェーデ(聖なる信仰)」と称する集団が首都ナポリに進攻し、同年六月に共和国政府は降伏した。シチリアをフランス軍から防衛することに尽力したイギリス海軍のネルソン提督は、共和国幹部を厳しく処罰することをナポリ国王に進言し、幹部の多くが処刑された。ネルソンは功績を認められ、国王フェルディナンドからシチリア東部に所領を与えられている。

フランス軍によるイタリア支配は三年間で終わった。短命で終わった理由は、従来の支配層の憎悪を買ったことに加え、民衆の支持を得られなかったことによる。フランス軍はイタリア諸国を支配するにあたって、従来の王権にも増して過酷な徴税を課した。暴力に訴えることも日常的であり、美術品も数多く略奪した。

フランス軍と提携した愛国者(パトリオータ)たちは都市のエリート層から成っていたため、民衆が生活のために何を望んでいるのかを十分に理解できず、彼らとコミュニケーションを図るための手段も持ち合わせていなかった。これとは対照的に、聖職者たちは民衆と日常的に接触する立場にあり、民衆の反仏感情を利用して彼らを糾合し、新体制を崩壊に導くことができたのである。

皇帝ナポレオンによるイタリア支配

一七九九年一一月、ブリュメール一八日のクーデタにより第一統領となったナポレオンは、翌一八〇〇年五月に対オーストリア戦争を再開した。緒戦で勝利を収めると、チザルピーナ共和国を再建し、ピエモンテを軍事占領した。さらに一八〇二年には、チザルピーナ共和国をイタリア共和国と改称して自らが大統領に就任し、ピエモンテをフランス領として併合した。

ナポレオンは一八〇四年五月、パリで皇帝に即位する。翌年にはイタリア共和国をイタリア王国に改め、自らが国王の座に就いた。ピエモンテに続いてリグーリアをフランス領に併合すると、その後数年のうちに、旧ヴェネツィア共和国、トスカーナ大公国、パルマ公国、教皇国家の領土をイタリア王国に併合していった。教皇ピウス七世(在位一八〇〇―二三)はフランス軍の囚われの身となり、各地をたらい回しにされた挙句にパリ郊外のフォンテーヌブローに幽閉された。

また、一八〇六年にはフランス軍はナポリ王国を占領し、国王フェルディナンドは再びシチリアに亡命した。ナポリ国王にはナポレオンの兄ジョゼフが就いたが、彼がスペイン国王に転じると、義弟のミュラが後を継いだ。

こうしてイタリアは、サヴォイア家が逃れたサルデーニャ島とブルボン家が逃れたシチリア島を除いて、すべてフランスの支配下に入った。フランスに併合された地、イタリア王国領、ナポリ王国領と、おかれた立場は三様であったが、フランス支配に服したという点では同じであった。二つの島はこのときもイギリス海軍が防衛した。

しかし、今度もまた、フランスによるイタリア支配は長く続かなかった。ロシア遠征に失敗したナポレオンは、一八一三年一〇月にライプツィヒの会戦でロシア・プロイセン・オーストリアの連合軍に敗北する。保身に走ったミュラはオーストリアと同盟を結び、イタリア王国に侵攻した。イタリア王国は北からオーストリア、南からミュラの軍勢、そして海からはイギリスによって挟み撃ちにされた。

一八一四年四月、ナポレオンは皇帝位を退き、間もなくイタリア王国も崩壊した。その後、ミュラはナポレオンのエルバ島脱出を受けてオーストリアとの同盟を破棄し宣戦を布告するが、援軍を得られることはなかった。王位を剝奪された彼は最後の抵抗を試みるが、カラブリアで捕らえられて処刑された。能力を超えた役割を与えられた者がたどった、その能力に見合った末路であった。

ナポレオン支配がもたらしたもの

二度にわたるナポレオン支配はイタリア諸国に大きな刻印を残した。イタリア王国ではフランスにならった中央集権的な国家機構が整備された。地方行政制度として県・郡・コムーネ(市町村)が導入され、中央から派遣される県令が強力な権限を持つことになった。民法・刑法・商法はフランスとほぼ同内容のものが制定され、通貨と度量衡の統一が図られた。そして、軍隊には徴兵制が導入された。

ナポリ王国でも、地方行政制度として県・郡・コムーネのシステムが導入された。法典に関しては、王国内に強固に存在する司法官僚の壁に拒まれて大きな改革はできなかったものの、ナポレオンによる最初のイタリア遠征の時には実現しなかった封建的諸特権の廃止が、二度目のフランス支配期に達成された。

また、共有地分配令が出され、村落共同体が使用していた共有地が競売によって分割された。これは本来の趣旨としては、農民に売却して自立した農民経営を育成することを目的としていたが、実際に土地を購入したのは富裕層であり、大土地所有（ラティフォンド）の形成を促進する結果となった。

フランス帝国の直轄領になったピエモンテやリグーリアを含め、イタリア半島全域がフランスの支配に組み込まれたことで、さまざまな制度的統一が果たされ、封建的諸特権の廃止によって近代的な土地所有が促進された。また、緑・白・赤の三色旗がシンボルとして用いられるようになるなど、象徴的な一体性も生み出されていった。こうした制度的な一体化は、ナポレオンが失脚したのちのウィーン体制においても維持され、のちの国家統一に向けた伏線となったのである。

2　ウィーン体制とリソルジメント

ウィーン体制とイタリア諸国家

一八一四年九月から開かれたウィーン会議の結果、イタリア諸国でもおおむねフランス革命以前の体制が復活することになった。しかし、すべてが旧に復したわけではない。消滅したヴェネツィア共和国とジェノヴァ共和国が復活することはなく、前者はオーストリア支配のもとで旧ミラノ公国と合併されてロンバルド・ヴェーネト王国となり、後者はサルデーニャ王国に併合された。ハプスブルク家による支配が復活したトスカーナ大公国や、オーストリア軍が北部に常駐することになった教皇国家とあわせ、イタリアの北中部におけるオーストリア支配はいっそう強化された。

また、ナポリ王国とシチリア王国は統合され、両シチリア王国となった。「シチリア」という名を冠しているものの、実態としてはナポリによるシチリア支配の強化に過ぎず、シチリアの人々はナポリに対する反感を募らせることになる。

それぞれの国の政治体制も、フランス革命以前に戻すことが目指され、言論や集会の自由は厳しく制限された。だが、ひとたび自らの理念に基づいて行動する自由を知ってしまった人々にとって、この抑圧的な体制を忍従することは困難であった。没収された教会・修道院領の多くは返還されず、人々の経済生活はフランス革命以前と様変わりしていった。社会の底流において大きな変化が生まれつつあるなかで、かつての枠組みを維持しようとするウィーン体制は矛盾にさらされることになる。

ウィーン体制への反発と革命騒擾

抑圧的な政治体制のなかで、外国支配からの解放と憲法の制定を目指す人々は秘密結社に結集していく。さまざまな結社が結成されたが、最も有力なものが南イタリアを中心に組織化された「カルボネリーア」である。

これはフリーメイソンの組織原理を模倣した結社であると考えられている。

社交団体であるフリーメイソンは、一七三〇年前後に主にフランスを経由してイタリア諸国に流入したとされ、その後イタリアの広い地域でさまざまな会所(ロッジャ)が結成されていた。カルボネリーアは位階制や入会儀礼、加入者だけが知りうる秘密といったフリーメイソンの特徴を取り入れ、その秘密性・匿名性によって権力による弾圧を免れようとしたのである。カルボネリーアには数十万人の加入者がいたという説もあるが、彼らが具体的な政治行動をとることは容易ではなかった。

風向きが変わるきっかけは、一八二〇年初頭にスペインで起きたクーデタと憲法の復活である。これに刺激を受けた両シチリア王国領内のカルボネリーアは蜂起し、軍の一部がそれに共鳴したこともあって、新政権の樹立に成功する。ミュラが国王であった時期に実務を担っていた自由主義者たちが政権に復帰するものの、オーストリア、ロシア、プロイセンの介入により、この革命騒擾は数カ月で鎮圧された。

他方、サルデーニャ王国でも翌一八二一年に、自由主義貴族と秘密結社の協働による反乱が起き、国王ヴィットーリオ＝エマヌエーレ一世は退位を余儀なくされた。退位した国王はサヴォイア家の傍系で憲法の制定を約束していたカルロ＝アルベルトに王位を譲ろうとしたが、憲法制定に反対するヴィットーリオ＝エマヌエーレ一世の弟カルロ＝フェリーチェがオーストリアと協力してこれを反故にし、自らが王位に就いた。彼はきわめて反動的な政策を行い、それは彼が没してカルロ＝アルベルトが即位する一八三一年まで続いた。

一八三〇年七月、パリで七月革命が勃発して国王シャルル一〇世が追放され、オルレアン朝が成立した。この動きに、イタリア諸国の自由主義的な貴族やブルジョワジーが影響を受けることになる。特に強く反応したのが、教皇国家領であったボローニャやそれに隣接するモーデナ公国、パルマ公国といったポー川中流域の人々であった。一八三一年二月に成立したボローニャの新政府は暫定憲法を発布し、他の二公国もそれに追随するが、オーストリアの介入によりわずか一カ月ですべての臨時政府は瓦解した。

このように、他国で起きた革命に連動して生じたイタリア諸国の革命騒擾は、オーストリアを中心とする他国の軍隊の介入によって鎮圧されていった。イタリア諸国が外国支配から脱却するまでの道のりは、まだ深い霧のなかにあった。

イタリア統一をめぐる考え方

フランス革命からナポレオン時代にかけて愛国者（パトリオータ）を自称した人々の中には、イタリア諸国に自由と平等をもたらすために、それぞれの国が外国支配から脱却するだけでなく、一つの国家を作るべきであると考える人々が存在していた。

その代表的な例が、フィリッポ・ブオナッローティ（一七六一―一八三七）である。かのミケランジェロを遠い祖先に持つとされる彼は、一七九六年の段階で次のように述べている。「ナポリやミラノやトリノで生まれたという区別は、愛国者たちの間では永久に消滅した……イタリア人はみな兄弟であり……一つにならなければならないのである」。

愛国者の流れを継承し、次第に「民主派」と称するようになった彼らのなかで、この時期に最も明瞭な形でイタリア統一の理念を打ち出したのがジュゼッペ・マッツィーニ(一八〇五―七二)である。ジェノヴァで生まれた彼は、大学で法学を修めたのちにカルボネリーアに加入したが、政治目標の不明確さに失望し、一八三一年に亡命先のマルセイユで「青年イタリア」を結成した。

位階制をともなう秘密結社という従来の運動の形態を打ち破る新たな組織原理の提唱は、とりわけ青年層に大きな希望を与えた。その影響力はイタリアにとどまらず、外国による支配からの脱却を目指す人々がヨーロッパの各地で、「青年ポーランド」など「青年」の名を冠する組織を作っていった。

また、彼は共和政によるイタリア統一という目標を掲げ、それを達成するために、民衆に対する教育と実力による蜂起という二つの手段を用いることを構想した。マッツィーニはこの構想に基づき、一八三〇年代にピエモンテやジェノヴァなどで蜂起を企てるが成功せず、ロンドンで亡命生活を過ごしながら、次なる蜂起の機会をうかがうことになる。

これに対し、穏健な自由主義の立場からも、既存の諸国家の枠組みを変更し、イタリアを一つの国家にすることを構想する人々が現れた。トリノ出身の聖職者ヴィンチェンツォ・ジョベルティ(一八〇一—五二)は、その自由主義的な思想のためにブリュッセルに亡命していたが、そこで一八四〇年代前半に『イタリア人の精神的・文明的優越』という書物を著した。彼の主張は、現存のイタリア諸国家を連邦制という形で緩やかに統一し、その長としてローマ教皇を戴くというものであった。保守的な態度をとり続けてきた教皇庁であったが、一八四六年に改革派として知られたピウス九世(在位一八四六—七八)が教皇となったことで、彼の主張は現実味を帯びることになった。

ピエモンテの貴族チェーザレ・バルボ(一七八九—一八五三)が同じ時期に著した『イタリアの希望』(一八四四)も、穏健な自由主義の立場に基づくものであった。彼はサルデーニャ王国が中心となって、北イタリアにおけるオーストリア支配を軍事力で排除したうえで、緩やかな連邦国家をイタリアに作ることを訴えた。これはサヴォイア家の伝統的な拡張主義に合致する考え方であったが、サルデーニャ王国を盟主としたイタリア統一という構想に道を開くものであった。

イタリア諸国の一八四八年革命

一八四〇年代のヨーロッパは寒冷な気候が続き、たびたびの凶作に見舞われていた。都市部の食糧危機は、しばしば食糧暴動へと発展した。一連の経済危機は、ウィーン体制に対する不満として政治的な危機に発展していく。一八四八年二月にパリで、続いて三月にウィーンとベルリンで革命騒擾が起きて、ウィーン体制は崩壊した。革命は全ヨーロッパに波及し、イタリア諸国もその渦に巻き込まれていく。

一八四八年に最初に革命騒擾が生まれたのはシチリアのパレルモであった。一月に民衆反乱が起きたことを受けて、二月に両シチリア国王フェルディナンド二世は憲法を発布した。憲法制定の動きはイタリア諸国に広がり、トスカーナ大公国では二月に、サルデーニャ王国、教皇国家では三月に憲法が制定された。いずれも、フランスの一八三〇年憲法やベルギーの一八三一年憲法にならった穏健な自由主義に基づくものであった。

7-2　ミラノの五日間(バルダッサレ・ヴェラッツィ「リッタ宮殿の戦い」. ミラノ, リソルジメント博物館)

だが、憲法の制定だけで事態が収まることはなかった。シチリアでは市民がナポリ政府の制定した憲法を認めず、独自の憲法を発布して自治政府を組織した。また、ウィーンでメッテルニヒが退陣したという報を聞いたヴェネツィアとミラノの市民は、反オーストリアの旗のもとに蜂起する。ヴェネツィアではダニエーレ・マニンが指導する臨時政府が作られた。ミラノでは、のちに「ミラノの五日間」と呼ばれることになるオーストリア軍との激しい市街戦を経て臨時政府が成立したが、カルロ・カッターネオら民主派と穏健自由派の人々との間で主導権争いが起きた。

ウィーンの混乱とミラノでの市民の蜂起を知ったサルデーニャ国王カルロ＝アルベルトは、ロンバルディアの獲得を目指してオーストリアとの開戦を決断した（第一次独立戦争）。トスカーナ大公国や教皇国家、両シチリア王国も、サルデーニャ王国を支援してオーストリアと戦うことを約束し、緒戦はサルデーニャ王国側が有利に進めた。

しかし、教皇ピウス九世はカトリック国であるオーストリアと戦争をすることはできないとする立場から参戦を拒絶し、両シチリア王国もナポリで民衆反乱が起きたために北イタリアに派遣した部隊を撤退させた。結局、サルデーニャ王国軍はオーストリア軍に敗れ、八月に休戦協定を結ぶ。ラデツキー将軍率いるオーストリア軍はミラノに侵攻し、臨時政府は崩壊した。この勝利を記念して、ヨハン・シュトラウスが「ラデツキー行進曲」を作曲したことはよく知られている。

こうして革命の動きはいったん勢いを失うが、秋になると再び活性化する。教皇国家では一一月に穏健派の首相が暗殺され、これに脅威を感じた教皇ピウス九世はローマを脱出した。翌一八四九年二月には「ローマ共和国」の成立が宣言された。同じ時期には、トスカーナ大公国でも大公がフィレンツェから亡命している。三月にはローマで、亡命先のロンドンから戻っていたマッツィーニが新たに樹立された政権に参加した。新政権は、没収して国有化した教会・修道院領を農民層に無償で供与するなど、急進的な政策を採った。また、トスカーナ大公国領をローマ共和国に併合するように画策した。

民主派が勢いを取り戻すなかで、サルデーニャ王国は主導権を取り戻すために、対オーストリア戦争を再開した。だが、ノヴァーラの戦いで大敗して、カルロ＝アルベルトは退位、亡命し、その子ヴィットーリオ＝エマヌエーレ二世（一八二〇―七八）が即位した。

革命の波及を阻止しようとする周辺諸国の圧力も強まり、四月にはオーストリア軍がトスカーナに侵攻して全土を占領し、五月にはナポリ政府が派遣した軍によってシチリアの自治政府も崩壊した。ローマ共和国は南北からオーストリア軍と両シチリア王国軍の干渉を被った上に、フランス軍による侵攻を受け、三カ月近くの攻防の末に七月に崩壊した。最後まで抵抗したヴェネツィアの臨時政府も八月に降伏する。こうして、イタリア諸国における一八四八年革命は終息した。

一八四八年革命の遺産と統一への胎動

一八四八年革命では、イタリア諸国でも多くの血が流され、最後は革命前の体制が復活する結末となった。けれども、それは何の変化ももたらさなかったわけではなかった。何よりも、イタリアを外国支配から解放するという理念を多くの人々が共有するようになった。また、自分たちが同じ「イタリア人」であるという連帯感が、既存の国境の枠を越えて広がった。蜂起に参加した人々は自らのシンボルとして三色旗を用い、「マメーリ賛歌」を口ずさんだ。「マメーリ賛歌」は、一八四七年にゴッフレード・マメーリによって作詞された曲で、第二次世界大戦後にイタリア共和国の国歌となった。

その一方で、イタリア統一に向けた対立の側面も露わになった。穏健な自由主義派と民主派は、政治的な主導権をめぐって争いを繰り広げた。教皇ピウス九世がサルデーニャ王国による対オーストリア戦争への不参加を決め、さらにローマ共和国の成立に憤り、イタリア諸国の現状変更に断固として反対する立場に転じたために、教皇を長に戴く連邦国家構想は完全に潰えた。他方で、サルデーニャ王国が反オーストリアの立場を鮮明にしたことによって、北イタリアに限定されていたとはいえ、サルデーニャ王国を中心とした統一に対する期待が高まることになった。

政治情勢が激動するなかで、文学や音楽といった芸術活動においても「イタリア人」意識の高まりを背景にした作品が生み出されていった。ナポレオン支配期には、ウーゴ・フォスコロ(一七七八—一八二七)が外国支配からの解放を訴える詩作を書いた。ヴェネツィア出身の父とギリシア人の母のもとにギリシアで生まれた彼は、ヴェネツィア、ミラノ、フィレンツェ、パヴィアなど北イタリアの各地を流転し、時には自ら義勇兵として戦いながら、文学活動を行った。また、チェーザレ・ベッカリーアの孫としてミラノで生まれたアレッサンドロ・マンゾーニ(一七八五―一八七三)は、劇作『アデルキ』(一八二二)や小説『いいなづけ』といった歴史を題材とした作品で外国支配の桎梏を描き、のちに「国民作家」としての不動の地位を獲得する。彼は当初、『いいなづけ』をミラノ方言に基づく文体で刊行したが(一八二七)、その後長い時間をかけて書き直し、最終的にフィレンツェを中心とするトスカーナ方言に基づく版を完成稿とした(一八四〇―四二)。ここに、イタリア語におけるトスカーナ方言の優位がいっそう決定的なものとなったのである。

7-3　アレッサンドロ・マンゾーニ（フランチェスコ・アイエツ画. ミラノ, ブレラ美術館）

さらに、ジュゼッペ・ヴェルディは、傲慢な王がユダヤ人を迫害する内容のオペラ『ナブッコ』を成功させ、その後も外国支配に抵抗する民衆をモチーフにした作品を次々に発表した。リソルジメントの時代に生み出された一群の芸術作品は、読者や聴衆に熱狂的に受け入れられ、「イタリア的なもの」を表象する「正典(カノン)」とみなされていくことになる。

3 イタリア統一の過程

サルデーニャ王国の改革

一八四八年革命の激動ののち、サルデーニャ王国はイタリア諸国家のなかで憲法と選挙によって選ばれた議会を維持する唯一の国家となった。また、革命に参加し、その後の旧体制の復活で亡命を余儀なくされた他国の人々を多く受け入れた。そのなかには実務能力に長けた有能な人々が数多く含まれていた。その結果、サルデーニャ王国はイタリア諸国のなかで最も自由主義的で、最も活力にあふれた国家へと急速に変貌を遂げた。

一八四九年五月に首相に就任したマッシモ・ダゼリオ(一七九八―一八六六)は、矢継ぎ早に改革を進めた。ピエモンテの貴族の出自であるダゼリオは青年期に文学に傾倒し、創作活動のためにミラノへ出奔した。そこでマンゾーニの娘と結婚し、歴史小説『エットレ・フィエラモスカ』(一八三三)をはじめ、外国支配からの解放をモチーフとする作品を刊行して、リソルジメント期を代表する文人の一人となった。その後、トリノに戻り、穏健自由主義者として政治の道を歩んだ人物である。

ダゼリオ首相のもとで行われた改革の一つが、教会裁判所の廃止や教会の持つ庇護（アジール）権の撤廃などである。これにより、教会の影響力の排除と社会の世俗化を推し進めた。もう一つの改革は、制度改革によってサルデーニャ王国の経済を発展させることであった。

ここで一九世紀前半のイタリア諸国の経済状況について触れておこう。農業については、一八四〇年代前半など凶作の時期も何度かあったものの、全体としては灌漑設備の整備などの改良により、穀物を中心に生産性が緩やかに上昇した。

工業に関しては、生糸と絹織物の生産が堅調で、イタリア諸国にとって重要な輸出産業であり続けた。また、一八三〇年代には産業革命の波がイタリア諸国にも波及し、紡績や織布における機械生産が始まった。ミラノやナポリでは、政府の保護のもとで鉄鋼や機械の生産も行われた。鉄道もピエモンテ、ロンバルディアを中心に敷設が進んだ（ちなみに、イタリアにおける最初の鉄道敷設は、一八三九年に両シチリア王国内で開通したナポリ―ポルティチ間である）。

このように、一九世紀半ばにかけて経済成長が見られたが、その速度は英仏やドイツ地域と比べれば緩やかであり、それらの国々との工業水準の格差はむしろ拡大していくことになった。

そうした状況のもとで、ダゼリオ首相はサルデーニャ王国の経済を発展させるべく、農商大臣にカミッロ・カヴールを抜擢した。カヴールはそれまでの関税政策を見直し、自由貿易を推進することで自国の農産物輸出の拡大を図った。農業を基軸とした経済成長戦略である。

7-4　カヴール像(ローマ)

宰相カヴール

カヴール(一八一〇—六一)はピエモンテの貴族の家に生まれ、フランス語とピエモンテ方言の環境で育った。士官学校に入学後、パリやロンドンに遊学し、自由主義的な政治や経済の実態に触れた。帰国後、自らの家の所領経営にあたり、帳簿の作成や灌漑用運河の掘削といった革新的な手腕で、所領の生産高を飛躍的に増大させることに成功した。一八四七年には新聞『イル・リソルジメント』を創刊し、編集長としてサルデーニャ王国の近代化を訴えた。

カヴールは農商相、財務相を歴任したのち、一八五二年に首相に就任する。議会内の左派勢力と連携し、議会の安定多数を確保した上での政権運営であった。鉄道建設の推進など積極的な経済政策や教会の権限を縮小する政策をとる一方で、国際社会でのサルデーニャ王国の地位を高めるため、外交に力を注いだ。

一八五三年にロシアがオスマン帝国領内に出兵し、クリミア戦争が始まる。英仏が介入するなかで、サルデーニャ王国も英仏を支援するために参戦した。休戦後に開かれたパリ講和会議で、カヴールは英仏首脳と会談し、とりわけナポレオン三世の信頼を得ることに成功する。

第二次独立戦争と「北イタリア王国」

一八五八年一月、かつてマッツィーニと行動をともにしていた愛国者フェリーチェ・オルシーニは、フランス軍による教皇国家の防衛がイタリア統一を阻害していると考えて、パリでナポレオン三世の暗殺を企てたが未遂に終わり、処刑された。イタリアでは、統一の大義に殉じた彼に同情する世論が高まった。

同年七月、フランス北東部の保養地プロンビエールでカヴールはナポレオン三世と会談し、密約を結んだ。北イタリアのオーストリア支配からの解放のために、フランスがサルデーニャ王国を支援すること、サルデーニャ王国はロンバルディアやヴェーネト、さらにはアペニン山脈以北の教皇国家領などを併合して北イタリア王国を形成すること、支援の見返りにサヴォワとニースをフランスに割譲することが決められた。

サヴォワとニースではフランス系住民が多数を占めていることがフランス領となる根拠とされたが、サヴォイア家の発祥の地を割譲してまでも北イタリアの統一を果たすという、カヴールの決意がそこには示されていた。

一八五九年四月、サルデーニャ王国とフランスの連合軍は対オーストリア戦争を開始した。第二次独立戦争の始まりである。当初はサルデーニャ・フランス側が優位に戦いを進めたが、六月に行われたソルフェリーノの戦いは稀にみる激戦となり、一日で両軍におびただしい死傷者が出た。スイス人アンリ・デュナンが、この悲惨な戦争に心を痛めて国際赤十字の設立を思い立ったことはよく知られている。

フランス国内では、自国にとって直接的な利益の少ない戦争を続けることを嫌う世論が急速に高まり、ナポレオン三世は七月にオーストリアとの休戦を決める。その結果、ロンバルディアのみがサルデーニャ王国に併合されることになった。

この間、中部イタリアではサルデーニャ王国への併合を求める民衆の動きが起きていた。トスカーナ大公国では四月に民衆のデモにより、大公レオポルド二世が国外に脱出した。穏健自由主義者のベッティーノ・リカーソリ（キャンティ・ワインの生みの親としても知られる）らが臨時政府を組織し、サルデーニャ王国との併合に向けて動き始める。パルマ公国やモーデナ公国でも君主が国外に脱出し、ボローニャを中心とする教皇国家の北部地域にも臨時政府が作られた。これらの地域は翌一八六〇年三月に住民投票を実施し、圧倒的多数でサルデーニャ王国への併合を決めた。

ヴェーネトの併合には失敗したものの、併合した地域にサルデーニャ王国の行政制度を適用する法律も制定され、北イタリア王国の実現に向けた動きは着々と進行していた。ところが、ここでカヴールらにとっては思いもよらない事態が発生する。ガリバルディによるシチリア遠征である。

ガリバルディ　ジュゼッペ・ガリバルディ（一八〇七―八二）は、ニースで船員の子として生まれた。本人も船員となるが、青年イタリアに加入し、ジェノヴァでの蜂起に関与したことから死刑判決を受け、マルセイユを経てブラジルのリオデジャネイロに亡命した。イタリア諸国からの移民・亡命者のネットワークを利用してのことであった。

当時の南米は独立から間もなく、国家の枠組みも領土も定まらないところが多く、独立戦争や領土紛争の絶えない状況にあった。ガリバルディはその渦中に身を投じ、ブラジル南部のリオグランデ地方の独立戦争やウルグアイ防衛戦争に義勇軍を率いて参加することで、英雄として知られるようになった。ガリバルディの後年の活躍や知名度はこの時期の経験なくしてはあり得ず、その意味で、イタリア統一の英雄ガリバルディは南米によって作られたといっても過言ではない。

一八四八年革命の勃発と同時期にイタリアに戻った彼は、サルデーニャ王国軍に従い、志願兵の部隊を率いてオーストリアと戦った。その後ローマに移動し、ローマ共和国防衛のためにフランス軍とも戦った。敗走してヴェネツィアを目指す途上で、ブラジル人の最愛の妻を失うという悲劇にも見舞われている。

ガリバルディはその後、二度目の亡命生活をアメリカ合衆国のニューヨークなどで過ごしたのち、一八五四年にロンドンを経由してイタリアに戻った。ロンドンではマッツィーニと会談するが、民衆の力に依拠した統一という方法に固執するマッツィーニと決別する。この時期に、マッツィーニの思想に共鳴した若者たちが蜂起を計画し、それに失敗して命を落とすという事例が相次ぎ、マッツィーニは批判にさらされていた。ガリバルディは次第に、サルデーニャ王国主導のイタリア統一という方法を支持するようになっていた。

第二次独立戦争が始まると、再び義勇兵の部隊を率いてサルデーニャ王国軍に参加し、実戦で功績を挙げた。だが、オーストリアとの休戦が成立し、カヴールが自らの生まれ故郷であるニースをフランスに割譲する約束をしたことを知ったガリバルディは激怒し、カヴールとも決別した。

ここでガリバルディに新たな提案をもちかけたのが、マッツィーニ派のシチリア人フランチェスコ・クリスピである。一八四八年革命後にサルデーニャ王国に亡命した彼は、シチリア各地で起きていた民衆蜂起に乗じて、ブルボン家による支配を倒すことをもくろんでいた。ガリバルディはクリスピのこの提案を受け入れ、シチリアへの軍事遠征に乗り出すことになる。

シチリア遠征と南イタリアの併合

一八六〇年五月、ガリバルディは義勇兵を引き連れてジェノヴァ近郊からシチリアに向けて出発した。義勇兵が千人あまり集まったことから、彼らはのちに千人隊と呼ばれた。赤いシャツが彼らのトレードマークであった。

シチリア西部のマルサーラに到着後、現地の義勇兵と合流すると、それから三週間ほどでパレルモを陥落させた。ブルボン正規軍との戦いの勝利は、当時「奇跡」とも称賛されたが、近年の研究では、ブルボン支配体制が度重なる民衆反乱などで脆弱になり、軍の士気も低下していたことが指摘されている。

ガリバルディ軍はその後も東進し、八月上旬まではシチリア全土を制圧した。その途上、自軍に参加した者に共有地を分割すると布告するが、共有地を農民に広く分配すると理解した農民たちと齟齬をきたすことになる。シチリア東部のネルソン家の所領にあるブロンテ村では、土地を分配されないことに不満を持った農民が蜂起したことに対し、ガリバルディ軍が即決裁判で農民五人を処刑するという事件も起きている。

シチリアを制圧したガリバルディ軍は、半島南部に渡る。両シチリア国王フランチェスコ二世はすでに戦意を失って逃亡し、九月にガリバルディはナポリの無血開城を果たした。次なる目標はローマである。だが、ローマを防衛するのは、ナポレオン三世のフランスであった。ガリバルディがローマに入ることは、サルデーニャ王国の後ろ盾となっていたフランスとガリバルディ軍とが衝突することを意味し、それはカヴールにとって全力で阻止しなければならない事態であった。

カヴールは機先を制し、シチリアと半島南部で住民投票を行うことを決め、一〇月にそれを実施する。政治的な駆け引きでは、カヴールはガリバルディよりも一枚上手であった。さらに、国王ヴィットーリオ＝エマヌエーレ二世とガリバルディの会談を設定する。それが行われた場所の名をとって「テアーノの出会い」と呼ばれるこの会談で、ガリバルディは自らが軍事行動によって獲得した領土をサルデーニャ王国に「献上」することを余儀なくされた。

こうして、シチリアと半島南部も同国に併合されることになった。その結果、ヴェーネト地方と教皇国家が存続したローマ周辺(ラツィオ)を除いて、イタリア半島の大半とシチリア島、サルデーニャ島から成り立つ統一国家が成立した。マッツィーニ、ガリバルディ、カヴールのいずれにとっても、当初の意に反する形で成立することになった統一国家であった。

イタリア王国という名を与えられたその国家は、一八六一年三月一七日にトリノで成立が宣言された。

第 *8* 講

自由主義期と国民国家形成

19 世紀後半〜20 世紀初頭

ヴィットーリオ・エマヌエーレ 2 世記念堂(ローマ，1911 年完成)

1863	ピーカ法制定，南イタリアの山賊大反乱の鎮圧を図る
1866	対オーストリア戦争(第3次独立戦争)，ヴェーネト地方を併合
1870	イタリア王国，ローマを占領
1882	新選挙法制定
	三国同盟成立
1884	ナポリでコレラ流行
1887	保護関税の導入
	クリスピ，南イタリア出身者として初の首相就任
1891	教皇レオ13世，回勅「レールム・ノワールム」を出す
1892	イタリア勤労者党結成(1895年に党名をイタリア社会党に変更)
1894	クリスピ，シチリアに戒厳令，シチリア・ファッシの運動の鎮圧を図る
1896	アドワの敗北
1898	世紀末危機
1901	ジョリッティ，ザナルデッリ内閣の内相となる(ジョリッティ時代の始まり，～1914)
1905	鉄道事業の国営化
1909	マリネッティ，フランスの『フィガロ』紙に「未来派宣言」発表
1911	リビア戦争(～1912)
1912	新選挙法制定(事実上の男子普通選挙法)
1914	第1次世界大戦勃発，イタリアは中立を表明

彼女は私の知性の優越性を認め、大多数の人たちが表明する道徳論を排撃して、彼女の前で幾度となく開陳した一種特異な理論をともなった、私の放埒な生活をある程度は許していた。私が並みの人間とはちがうと彼女に見做されているのだという確信が、私の意識の中で、自分の過ちの重さを減じていたのである。

――ダンヌンツィオ『罪なき者』(脇功訳、松籟社、二〇〇八年、八頁。原著一八九二年)

1　統一国家の課題

「イタリア人を作る」

一八六一年に成立したイタリア王国は、当時の領土で二二〇〇万の人口を擁した。トリノを首都とし、憲法はサルデーニャ王国憲法(通称アルベルト憲章)がそのまま用いられた。最初の議会は一八四九年に開かれた第一議会からの通算で第八議会と数えられ、国王は新国家となったにもかかわらず「一世」の称号を頑なに拒否し、ヴィットーリオ＝エマヌエーレ二世と名乗り続けた。これらはみな、イタリアの統一がサルデーニャ王国の拡張の結果であったことを示していた。

「イタリアは作られたが、イタリア人を作るのはこれからだ」。いつしかイタリアでは、このスローガンが語られるようになった。これはしばしばマッシモ・ダゼリオの言葉であるとされるが、実際に彼が『回想録』(一八六七年刊)の中で記したのは、「イタリアがなすべき第一のことは、自らの義務を達成できるイタリア人を作ることである」という一文であり、民衆がイタリア人意識を共有する国民国家を形成しなければならないと述べたわけではなかった。ダゼリオの一文がこのような標語に作り替えられたのは、政治家や知識人にとって国民国家の形成が急務の課題と考えられていたからに他ならない。

リソルジメント期の民主派で、連邦主義的な統一を唱えたカルロ・カッターネオは、「イタリア諸史の理念的原理としての都市」(一八五八)という論文において、「多くの県で、民衆が自らの故郷と認識するのは県都の都市だけである」とし、フランスではパリ近郊に住む農民が自らのことを「パリ人(パリジャン)」として認識することはないが、イタリアではどんな山間地域に住んでいようが、農民は自らが属する地域の中心都市の名称(たとえば、ミラノ県であれば「ミラノ人」として)自らを認識すると述べている。

地域社会に対する強固なアイデンティティは、今日においてもイタリアにおける一つの大きな特徴である。歴史のうえで一つの国家であった経験がほとんど存在しない中で、この強固な地域アイデンティティの上位に国民としてのアイデンティティを作り上げることが、いかに困難な事業であるか、彼のこの議論からうかがうことができる。

日独との比較

イタリア統一から間もなく、日本は明治維新を迎えた。日本とイタリアの近現代史の流れには、類似したところが多い。近代国民国家の形成に向けた動き、重化学工業の始まり、政治の民主化・大衆化、そこから一転しての全体主義への道、植民地の拡張、第二次世界大戦での同盟と敗戦、戦後の民主化、高度経済成長、政権交代を可能にするための政治改革、といった具合である。二つの国の近現代史は比較の対象として、きわめて興味深い。

だが、両者には、出発点において決定的に異なる点がある。イタリアが一九世紀半ばに初めて一つの国家を形成したのに対して、日本は古代国家の成立以来、常に一つの国家であり続けたという点である。確かに、日本にも戦国時代のように権力が分裂していた時期は歴史上存在する。だが、そうした時期であっても、律令国家の枠組みは基本的に維持され、それゆえ明治維新は当初、王政復古という形をとることになった。

これに対して、イタリアの場合、それまで全く互いに一体感を持つことのなかった複数の国家が統一されたのである。「イタリア」という国家の存在を民衆に自覚させることは、日本とは比べようもなく困難な事業であった。

分裂していた諸国家を単一の国家にまとめていくという意味では、イタリアにとって、一八七一年に国家統一を果たしたドイツ帝国の事例の方が日本よりも近いと言える。だが、ドイツとイタリアの間にも、きわめて大きな差異が存在した。

まず、ドイツ地域には中世の早い段階から「神聖ローマ帝国」という枠組みが存在していた。もちろん、それは近代国家とは異なる象徴的な存在であり、実際、その内部にはさまざまな国家が存在していた。しかし、一六世紀以来、それが「ドイツ人の帝国」という別称を冠していたことに示されるように、象徴的に諸国家を糾合する役割を果たしていた。

これに対し、イタリアにはそれに比肩できるものは存在しない。象徴という点では教皇庁を挙げることができるかもしれないが、それはあくまでもカトリック教会という世界規模の宗教組織を束ねる存在であり、イタリアという場に限定されるものではなかった。

また、ドイツ帝国はプロイセンが数度の対外戦争を経て自らの軍事力によって作り上げた国家であり、成立した時点ですでに英仏と肩を並べる列強の地位を占めていた。産業革命を経て重化学工業も成長しつつあり、高い経済力を有していた。

これに対し、イタリアの場合、サルデーニャ王国はフランスの支援のもとでようやくオーストリアとの戦争に勝利することが可能となり、統一の時点では重化学工業も脆弱で、農業国家と呼ぶのがふさわしい状況であった。国際政治の場でイタリアを「列強」としていかに認知させるかは、次第に政治指導者たちの重要な政治課題となっていく。

2　右派政権と左派政権

右派政権の成立

国民統合に向けて最初に機能したのが、議会である。二院制の議会のうち、上院は任命制であったが、下院は選挙制であり、全国から選出された議員が一堂に会して議論を重ねたことは、国家としての一体性をもたらすことに貢献した。ただし、選挙権は一定額の租税を納めた二五歳以上の男性に限定され、有権者は国民の二%に過ぎなかった。

議員の大半は、自らを「自由主義者(リベラーリ)」と自称した。この自由主義者を自称する政治家たちが議会内で多数を占めて国政を担った時代、すなわち統一からファシズム政権の成立(一九二二)までの時期を、イタリアの歴史研究では「自由主義期」と呼んでいる。

議員たちは、カヴールの政治指導を支持する穏健派と、より急進的な立場をとる人々に二分され、それぞれ右派、左派と呼ばれるようになる。左派議員には南部出身者が目立ち、それは南イタリアでは新国家に対して批判的な人々が多いことを示していた。統一直後の選挙では右派が圧勝し、カヴールが初代首相となった。しかし、彼はそれから三カ月足らずで急逝し、リカーソリが後継首相となる。その後も、しばらくは右派による内閣が続いた。

この間、法典の整備も進み、一八六五年に新しい民法や商法などが制定されたが、刑法典の統一は遅れた。最大の争点は死刑制度の存続であり、ようやく一八八九年になって、死刑制度の廃止を含む統一刑法典が制定された。地方行政制度に関しては、統一直後には州を創設し地方に大幅な自治権を与えることも検討されたが、結局、中央集権的な体制が採用され、内務省から県に派遣される県令が強い権限を持つことになった。

首都をめぐる問題も重要な政治課題であった。後述するように、南イタリアで大規模な農民反乱が発生したこともあり、トリノを首都に据え置くことには困難がともなった。ローマが依然として教皇国家領にあるため、さまざまな思惑からフィレンツェに首都を移すことが決定され、一八六五年に実現した。

リソルジメントの完成とローマ問題

一八六六年六月に、ドイツ統一に向けた主導権争いから、プロイセンとオーストリアとの間で戦争が始まった。プロイセンと短期的な同盟関係を結んでいたイタリアも参戦し、戦闘では敗北を続けたものの、プロイセンがオーストリアに勝利したために、イタリアは勝者の側に立った(第三次独立戦争)。この結果、イタリアはヴェーネト地方の併合に成功する。

さらに一八七〇年七月、ドイツ統一を目指すプロイセンとフランスとの間で戦争が始まった。

九月にセダンの戦いでフランス軍が敗北すると、これを好機と見たイタリア政府はローマ併合を決意した。教皇庁との交渉が不調に終わると、九月二〇日にイタリア軍はローマ市内に侵攻した。一〇月に住民投票によってローマ併合を決定し、翌年に首都をフィレンツェからローマに移した。

けれども、イタリア統一の過程で教皇国家の領土の大半を失い、最後の砦であったローマまでイタリア王国に奪われた教皇ピウス九世の怒りはすさまじかった。イタリア政府が教皇庁のさまざまな特権を保障することを提案したのに対して、教皇庁はそれを全面的に拒絶した。一八七四年には、カトリック教徒が王国の下院議員選挙に立候補することや、投票することさえも禁止することを通達した。いわゆる「ローマ問題」の発生である。自由主義期を通じて、イタリア国家とカトリック教会は公的な絶縁状態を続けることになる。

ヴェーネト地方とローマのイタリア王国への併合により、リソルジメントは一応の完成を見た。しかし、イタリア語話者が多く居住するとされたトレント地方とトリエステ周辺は、依然としてオーストリアの支配下に置かれており、それをイタリアに「奪回」する運動が「イッレデンティズモ（領土奪回運動）」の名のもとに行われるようになる。

「議会革命」と左派政権

統一の過程で多くの戦争を戦ったサルデーニャ王国は、膨大な財政赤字を抱え、それはイタリア王国に継承された。右派政権は財政均衡を目標に掲げ、消費税の一種である製粉税を課すなど増税政策をとった。これに対して、右派は地域社会の抱える真の課題を無視して政権を運営しているという批判が左派から出され、右派のなかにもそれに同調する動きが現れた。一八七六年、財政均衡の達成が宣言されるとほぼ同時期に、鉄道の国営化という重要課題に関する政府提案が否決され、内閣は総辞職した。後任の首相には、左派のアゴスティーノ・デプレーティス(一八一三―八七)が就任した。

閣僚すべてが左派の議員から構成される内閣の出現を、同時代の人々は「議会革命」と呼んだ。だが、後代から振り返れば、「革命」という表現は誇大である。統一直後の時期と異なり、左派の穏健化は明らかで、左右の政治的な違いは縮小しつつあった。新政権はただちに議会を解散し、総選挙が行われた。そこで左派は圧勝して絶対多数を確保するが、選挙に際しては内相の指示により警察が右派候補の選挙活動を妨害するなど、右派政権と変わらぬ干渉が行われた。

左右の差異が縮小する中で、左派政権の特徴があらわれた政策として挙げられるのが、教育制度と選挙制度の改革である。一八七七年のコッピーノ法により、初等教育の義務・無償・世俗の原則が確立された。もっとも、義務教育は二年間と短く、財政基盤が脆弱であるために、小学校の設置は緩やかにしか進まなかった。そのため、とりわけ南部では、二〇世紀初頭でも識字率は五〇%以下にとどまった。また、一八八二年に新選挙法を制定し、有権者資格を緩和した。選挙権の拡大により、全人口に占める有権者の比率は二％から七％に上昇した。

議会の変容　一八八二年に行われた新選挙法による総選挙では、選挙権の拡大に伴い、マッツィーニの思想を受け継ぐ共和主義者や、新たに登場した社会主義者の台頭が予想された。そこで、デプレーティス首相は左右の相違を超えて自由主義者（リベラーリ）が結集する――彼の言葉では「変移する（トラスフォルマルシ）」――ことを呼びかけた。選挙後、デプレーティスは議会内に圧倒的な多数派を形成することに成功する。

これを野合であると批判する人々は、デプレーティスの戦略を「トラスフォルミズモ」と呼んだ。これ以降、今日にいたるまでイタリア政治では、理念を二の次にして多数派を形成するために党派が離合集散する状況を、しばしばこの言葉で呼ぶようになる。デプレーティスの戦略は、議会に安定多数を形成し、広範な勢力の権力参加を可能にするというメリットを有していたが、他方で、議会のダイナミズムの喪失と便宜供与による慢性的な財政赤字、政治腐敗を生むというデメリットももたらした。

また、一八八七年には、これまでの自由貿易体制を一八〇度転換し、保護関税政策が採られた。この転換は、当時のヨーロッパが見舞われた長期不況への対応であった。長期不況とは、南北戦争後のアメリカ合衆国などから大量の穀物が流入したことに起因し、一八七〇年代から世紀末にかけて続いた景気の停滞を指す。

しかし、保護関税政策は不況対策と同時に、北イタリアの工業化を推進することも目的としていた。イタリアの研究史では長らく、この政策は北イタリアの工業家と南イタリアの大土地所有者（ラティフォンディスタ）による同盟と理解されてきたが、近年では南イタリアの農業家についでは、穀物生産者と輸出向けのオリーブ・ワイン・かんきつ類の生産者との間で利害が分かれており、むしろ北イタリアの工業家と同じ北イタリアの農業家による同盟であったと考えられるようになった。

いずれにせよ、この転換により工業発展は加速し、穀物の価格下落も一段落するが、これまで好調であったオリーブ・ワイン・かんきつ類の輸出は大きな打撃を受けることになった。

南部問題

南イタリアでは、ナポレオン支配期に行われた封建的諸特権の撤廃で共有地を奪われた農民が不満を募らせ、統一前にもたびたび反乱を起こしていた。統一により、サルデーニャ王国にならった租税制度と徴兵制が南イタリアにも施行されると、農民たちの不満は頂点に達し、南イタリアの各地で大規模な反乱が発生した。しばしば武装した「山賊（ブリガンテ）」に指導されたために、この一連の反乱は「山賊大反乱（ブリガンタッジョ）」と呼ばれることになる。

新政府は、この反乱を武力によって徹底的に鎮圧することを決断した。とりわけ一八六三年にピーカ法が施行され、山賊やその共謀者を軍事法廷で裁いたり、嫌疑だけで強制的に移住

（事実上の拘禁）させたりすることを可能にした。この法律の施行後、政府による武力鎮圧は苛烈を極め、山賊大反乱は沈静化していったが、南イタリアの人々には政府に対する強い不信感が残った。

また、北イタリアの政治家や知識人の間には、南イタリア社会が自らの社会とは全く異なるものであるという印象が植え付けられていくことになる。「南部問題」と呼ばれる認識の登場である。

北イタリアの人々による南部認識の一例として、一八七〇年代に二度にわたり南イタリアの地方行政と経済に関する調査を行ったシドニー・ソンニーノ（一八四七―一九二二）とレオポルド・フランケッティ（一八四七―一九一七）について触れてみたい。二人ともトスカーナのユダヤ系ブルジョワジーの出身で、のちに有力な政治家となる。

8-1　山賊大反乱の女性参加者ミケリーナ・デ＝チェーザレ

彼らは、不在地主によって支配される大土地所有（ラティフォンド）が農民を隷属状態においていることや、そうした大土地所有者を中心とした少数の支配層が、ナポリではカモッラ、シチリアではマフィアと呼ばれる組織犯罪と陰に陽に結んで権力を独占していると非難した。そのうえで、腐敗した指導者層に地域行政を委ねるべきではなく、中央政府が強権的に介入することによって、地域社会の政治・経済を改革するべきであると説いたのである。

こうした北イタリアの人々が南イタリアに向ける厳しいまなざしに対抗して、南部出身者による南イタリア社会に対する認識が示されていく。「南部主義」と呼ばれる一連の流れである。おもな南部主義者として、南部の過酷な自然環境に南部農民の貧困の原因を見るジュスティーノ・フォルトゥナート(バジリカータ出身)、北部の工業化のために南部が犠牲になっていると考え、南部の工業化推進を訴えるフランチェスコ＝サヴェリオ・ニッティ(バジリカータ出身)、北イタリアに有利な租税体系と大土地所有の残存が南部の貧困の原因であるととらえ、南部農民の解放に向けた第一歩として普通選挙権の制定を訴えたガエターノ・サルヴェーミニ(プーリア出身)といった人々を挙げることができる。彼らは南イタリア社会を変革しようとする志向を持っていたものの、それが直ちに政策に反映されることはなかった。

3　クリスピ時代と世紀末危機

クリスピ政権

一八八七年、フランチェスコ・クリスピ（一八一八―一九〇一）が首相に就任した。シチリアの民主派の活動家として一八四八年革命に関与し、ヨーロッパ各地を流転して亡命生活を送ったのちに、ガリバルディのシチリア遠征の立案で中心的な役割を果たした人物である。統一直後に下院議員となった時には共和主義を主張していたが、その後王政支持に転じて左派の有力政治家となり、ついに首相の座にのぼりつめた。統一後初めて誕生した、南イタリア出身の首相であった。

シチリア人クリスピに対して、北イタリアの新聞はしばしば偏見に満ちた報道を行った。彼は毎朝二時間ほど洗面所にこもり、得意のカイゼル髭の手入れをしているとか、議会が紛糾すると鎖でベストに結んだ珊瑚のお守りをさすり続け、審議が有利に運ぶように願掛けしている、といった具合である。挿絵の中で、北アフリカの遊牧民ベドウィンの族長の姿で描かれることもあった。

8-2　フランチェスコ・クリスピ

クリスピはその経歴から、立身出世のために無節操に立場を変えてきた政治家であるように見える。だが実際には、強力な国家のもとに民衆を統合し、イタリアを近代的な国民国家として発展させるという理念を抱いていたという点で、一貫した立場を保持した政治家であった。

首相となったクリスピは、行政権力の拡大・強化と国民生活に対する国家の介入を進める政策に取り組んだ。まず、中央省庁の再編や、内務省による地方自治体への統制を強化する改革を行い、ついで公衆保健衛生法や移民法を制定した。さらに、それまで教会・修道院が中心に担ってきた慈善事業を国家が直接管理する法律を作り、国民生活に対する教会・修道院の影響力の縮小と国家の権限の拡大を図った。共和主義の立場から出発したクリスピは、首相になっても、教会が世俗に介入することを拒絶する反教権主義を貫いていた。

8-3　シチリア・ファッシによるマザーラ・デル・ヴァッロ市役所の襲撃(『リルストラツィオーネ・イタリアーナ』1894年1月28日号より)

一八九〇年代前半には、シチリアで勤労者ファッシの運動が活発化した。「ファッシ」とは団結を意味するイタリア語で、この時期の労働運動などで好んで用いられた言葉である。当初は労働者・農民の生活改善を目指した穏健な運動であったが、次第に急進化し、民衆騒擾の様相を呈するようになった。一時退いていた首相の座に一八九三年末に復帰したクリスピは、シチリアに戒厳令を出し、武力によってファッシを徹底的に鎮圧した。彼は農民にとって過酷な大土地所有の実態など、自らの生まれ育ったシチリア社会が抱える問題をよく理解していたが、秩序の紊乱を許容することはできなかったのである。

内政において強力な国家権限を求めたクリスピは、外交においても、イタリアが「列強」の一員として認知されることを追い求めることになる。

イタリア外交

イタリアは、普墺戦争と普仏戦争を経てようやくフランスのナポレオン三世の軛《くびき》から脱し、外交的な自主性を発揮できるようになった。だが、露土戦争終結後の一八七八年に開かれたベルリン会議では、イタリアの領土獲得要求が他の参加国から顧みられることはなかった。

さらに、一八八一年には、イタリアが植民地として獲得することを狙っていたチュニジアをフランスが保護国化し、国内では反フランス感情が一気に高まった。これを好機と見たドイツ首相ビスマルクは、フランスを孤立させるために、オーストリアとイタリアを誘って三国同盟を結成する。オーストリアと幾度も戦争を行って統一を果たしたイタリアにとって、まことに皮肉な事態であった。

ヨーロッパ諸国がアフリカ分割に向かって突き進む状況のもとで、イタリアにとっても植民地獲得は列強として認知されるために必要なことであった。チュニジアを植民地にする機会を失ったイタリアが次なる標的としたのが、東アフリカである。紅海沿いのアッサブやマッサワといった港を植民地化し、一八九〇年にこの地域をまとめてエリトリア植民地と称した。

クリスピは首相となってから外相も兼任し、親独・反仏の外交政策を進めた。彼は鉄血政策をとるビスマルクを理想の政治家とみなしていた（もっとも、ビスマルクは「左翼」出自のクリスピにまったく信を置いていなかったという）。積極的な外交を行った彼が最も重視したのが、東アフリカでの植民地拡大であった。議会の反対にもかかわらず、多大の予算を費やして、エチオピアへの軍事侵攻を進めた。しかし、エチオピアは比較的安定した国家機構を有し、大軍を動員して侵攻に備えていた。一八九六年三月一日、アドワの戦いでイタリア軍は大敗を喫する。

クリスピはこの植民地拡張の試みに失敗し、失脚した。「アドワの敗北」は、多くのイタリアの知識人にとってトラウマであり続けた。エチオピアに対する再度の侵攻が企てられるのは、一九三〇年代のファシズム政権の時代である。

カトリックと社会主義

一八七八年、歴代教皇の中で最も長い在位期間を誇ったピウス九世が没した。後任のレオ一三世（在位一八七八―一九〇三）のもとで、これまで近代社会そのものを拒絶していた教皇庁に変化の兆しが表れ、それとともに新たなカトリック系の団体が次々に作られていった。

レオ一三世は、一八九一年に回勅「レールム・ノワールム（新しい事態）」を出し、労働問題・社会問題が存在することを認めたうえで、国家の介入やカトリックによる労働組合の結成を容認した。これを受けて、会員の積立金に基づいて農民に無利子で貸与を行う農村金庫や消費協同組合といった、カトリック系の組織が数多く作られていく。結成されたのはロンバルディアやヴェーネトなどイタリアの北東部に集中し、地域的な偏りは存在したが、カトリックによる民衆の組織化が進んでいった。

他方で、かつての民主派の流れをくむ急進的な人々も、さまざまな思想に分岐しながら、活動を活発化させていた。マッツィーニの思想を受け継ぐ共和派や、直接行動による社会革命をめざすアナーキスト、職人や労働者の固有の経済的要求を実現するための活動を行う「労働者主義」と呼ばれる流れの人々などである。こうした運動の中心地となったのがミラノである。また、ポー川流域、とりわけエミリア・ロマーニャ地方では、農業労働者を組織した農民運動も盛んになっていった。

ミラノでは一八八〇年代半ばに、労働者主義の流れを中心に「イタリア労働者党」が結成され、次第にマルクス主義の影響を受けた社会主義との接近が図られた。さらに、地域単位で労働者を組織化することを目的とした労働会議所も作られ、この動きは他の都市にも波及していった。

一八九二年にはジェノヴァで、さまざまな社会主義系の組織が結集した会議が開かれ、「イタリア勤労者党」の設立が宣言された。これは一八九五年にイタリア社会党と改称されることになる。社会党はシチリアなどに多少の基盤はあったものの、圧倒的に北中部を地盤としていた。

ミラノではまた、アンナ＝マリア・モッツォーニらによって「女性の利益推進同盟」が結成され、労働者解放と密接に結びついた女性解放のための運動を推進した。女性に参政権が認められない中で、彼女たちは参政権獲得や女性労働者の待遇改善に向けて、講演会活動など地道な取り組みを行った。

世紀末危機　一八九七年三月に行われた総選挙では、「最左派」と称される、共和党、反教権主義を掲げる急進党、社会党の三党派が議席を伸ばした。この年は不作の影響もあり、ポー川流域の農業労働者のストライキなど、労働者や農民の実力行使が相次いだ。また、ミラノではカトリック全国大会が開催され、イタリア国家との協調を拒絶する勢力が圧倒的多数を占めた。自由主義者たちにとって、「赤」(社会主義勢力)と「黒」(カトリック勢力)は、重大な脅威と認識されるようになっていた。

一八九八年に入ると、不作の影響がパン価格の高騰をもたらし、社会情勢はさらに不穏になる。五月にはミラノで暴動が発生し、その動きは全国に波及した。政府は戒厳令を出し、武力での鎮圧を図った。民衆に向けて大砲が放たれる事態にいたった。

追い打ちをかけるように、一九〇〇年七月に国王ウンベルト一世がアナーキストに暗殺される。政治に介入することを嫌い、自然災害や疫病が発生すると被災地を訪問することを欠かさなかった国王が、体育大会の閉会式の列席中に見舞われたあっけない最期であった。イタリアの一九世紀は、こうして混乱のうちに暮れていった。

4　ジョリッティ時代

ソンニーノとジョリッティ

世紀末に社会が騒然とする中で、政治の世界では新たな手法によってこの困難を乗り越えようとする動きが現れた。それを代表するのがシドニー・ソンニーノとジョヴァンニ・ジョリッティであった。

ソンニーノは、一八九七年に発表した雑誌論文「憲法に帰ろう」で、普通選挙制を導入して、議会に国民の意思を的確に反映させるとともに、政争に明け暮れる議会の権限を縮小し、アルベルト憲章に規定された強大な国王権限に基づいて政治を行うことを主張した。彼はまた、カトリックと社会主義による運動に対して毅然とした対応をとることで自由主義国家を防衛するとともに、かつて南イタリアの社会調査を行った時からの主張として、南部の大土地所有の解体と自営農民の創出の必要性を訴えていた。

これに対して、ジョリッティ（一八四二―一九二八）はきわめて対照的な構想を示した。ピエモンテ出身で財務官僚から政治家に転身した彼は、社会問題への対処が最も重要な課題であると認識した。彼は議会演説で、「私は組織化された勢力は恐れません。私が恐れるのはむしろ、組織化されていない勢力なのです」と述べ、労働者の組織化を進め、彼らを積極的に体制のなかに取り込むことによって、社会秩序を安定させるべきであると考えた。彼にとっては、それが自由主義国家の基盤を固め、社会正義を実現する手段なのであった。

その一方で、カトリック教会に対しては、「私たちの原則は、国家と教会とは決して交わることのない二本の平行線であるということなのです」と述べ、国家と教会が互いに干渉しあわないことを訴えた。彼にとって、宗教問題・ローマ問題はデリケートな課題であり、それを極力、政治問題化しないことが重要であった。

ジョリッティはまた、北イタリアの工業化がイタリア全体の経済発展を牽引すると考えていた。工業化の推進のために、国家は積極的に経済活動に介入すべきであるというのが、彼の立場であった。他方で、彼にとって南イタリアの工業化は二次的な課題であり、北イタリアの経済成長が波及することによって、いずれ達成されるという見込みを立てていた。

二〇世紀が幕を開けたとき、イタリア政治に強い影響力を持ったのは、ジョリッティであった。

ジョリッティの政治手法

一九〇一年、左派の長老ジュゼッペ・ザナルデッリを首相とし、ジョリッティを内相とする内閣が成立した。事実上の首班がジョリッティであることは、衆目の一致するところであった。彼は一九〇三年に首相となり、それ以後一九一四年に退くまで、三回にわたり長期政権を担った。この時期は、イタリアの歴史研究では「ジョリッティ時代」と呼ばれている。

彼は困難な課題に直面すると、いったん政権を退いて腹心や政敵のソンニーノに首相の座を委ね、その後復権するという手法を採った。ソンニーノは二回首相を務めるが、その在任期間はいずれもわずか三カ月であった。この一四年間のうち、ジョリッティが首相であったのは八年間あまりのことだが、たとえ彼が首相の地位にいなくても、政治のイニシアティブをとるのは常に彼であった。

官僚出身のジョリッティに、語るべき個人的エピソードはほとんどない。彼が議会に卓越した指導力を発揮できたのは、議会で多数派を形成する術策に優れていたからに他ならない。彼はまず、最左派の議員を取り込むことに成功した。とりわけ、労働者の利害を代表していると彼がみなした社会党とは、良好な関係を築いた。ジョリッティ時代には、社会党内で穏健な議会主義の立場をとる改良派が優勢であったことも、彼には幸いした。

また、南部出身の議員に対しては、選挙区の利害に応じた特別立法を行うことで、彼らの支持をつなぐことができた。さらに、宗教問題・ローマ問題が表面化しないように配慮しつつ、カトリック教会に近い立場の議員が増大していくことを容認して、彼らの支持も得ていった。すべての勢力が同時にジョリッティを支持したわけでは必ずしもなかったが、仮に一部の議員たちが離反しても、他の議員を支持勢力に取り込むことによって、多数派を常に維持できるようにしていたのである。

こうした統治の手法は、批判者からは「議会独裁」として指弾された。また、サルヴェーミニは、南部で頻発した反ジョリッティ派候補に対する選挙妨害などを取り上げ、彼を「闇社会の大臣」と非難した。確かに、時としてなりふり構わぬ多数派工作は倫理的な批判を招くものであったが、他方で、国内のさまざまな利害が議会に反映され、それがある程度調整されて政策化されたことも否定できない。その意味で、ジョリッティ時代は、さまざまな課題を抱えつつも、議会制民主主義がそれなりに機能した時期であった。

ジョリッティ時代には、社会問題の解消に向けて、新移民法や女性労働・児童労働保護法、初等教育を完全に国家移管する法律などが制定された。また、経済活動に対する国家の介入が強まり、鉄道の国営化や社会保険を国家が担うための全国保険機構の設立などが行われた。南イタリアに対しては、バジリカータ振興法やナポリ工業振興法といった特別立法がなされ、一九〇八年末に発生して六万人以上の死者を生んだシチリア・カラブリア大地震に際しても、復興支援の特別法が制定された。

長期にわたる経済不況のトンネルも、世紀末には明るい兆しが見えた。ジョリッティ時代には重化学工業化が一気に進み、イタリア経済は新たな段階に入る。

工業化の進展

一八九六年から一九〇八年にかけて、年平均の工業生産の伸び率は六―七％に達した。とくに、金属、化学、機械工業の成長率は一〇％を超えた。資源に乏しいイタリアの工業発展を支えたのが、アルプス地域の水力発電である。製鉄業では、一九〇五年に企業合併を経てイルヴァ社が設立され、鉄道レールの国産化が果たされた。

この時代に最も特徴的なのが、自動車産業の急速な発展である。自動車生産を行う企業は、一九〇四年の四社から一九〇六年には五〇社にまで増えた。その大半は小規模な企業であったが、合併や買収を繰り返すうちに、次第に大規模化する企業が現れた。

その筆頭が、ジョヴァンニ・アニェッリによって一八九九年に設立されたフィアット社である。同社の本拠が置かれたトリノは、イタリアの自動車産業の中心地となる。英独仏やアメリカにいくらか遅れをとったとはいえ、自動車産業そのものが黎明期にあったために、イタリアはこの分野で国際的な競争力を得ることができた。

このほか、いずれもミラノに本拠を置くブレダ社は鉄道レールの生産で、ピレッリ社はゴムタイヤの製造で急成長した。これらの企業の本拠地からもわかるように、イタリアの重化学工業は、ミラノ、トリノ、ジェノヴァを結ぶイタリアの北西部、いわゆる工業三角地帯で主に展開することになり、この面での南北の格差は拡大するばかりであった。

都市の変容

イタリアが農業国から工業国へと急激に転換する中で、都市部への人口移動、すなわち都市化も一挙に進行した。表にあるように、国家統一から四〇年で多くの大都市において人口が倍増した。

表　都市人口の推移

	1861年	1901年
ローマ	21万人	42万人
ミラノ	27万人	54万人
トリノ	17万人	33万人
フィレンツェ	15万人	24万人
ナポリ	48万人	62万人

イタリアが統一されたことにより、トリノ、ミラノ、フィレンツェ、ナポリといった都市はいずれも首都としての地位を喪失していった。とはいえ、トリノやミラノは工業都市へと変貌したことで、新たな人口を吸収していった。とりわけミラノは、首都ローマに対抗する北イタリアの中核都市として重要な位置を保った。また、フィレンツェは後述するように、イタリアの文化的中心地の一つとして存在感を維持した。

イタリア統一の影響を負の形で最も受けたのは、おそらくナポリであろう。両シチリア王国時代に国家による保護によって成り立っていた造船業などの工業部門は、統一によって壊滅的な打撃を受けた。中間層が薄く、少数の富裕層と多数の貧困層が同居するナポリの市街地は、統一後、数度にわたってコレラ禍に襲われた。

とくに、一八八四年のコレラ流行では多くの死者を出した。女性作家マティルデ・セラーオの小説『ナポリのはらわた』(一八八四)は、ナポリの貧民街で暮らす人々の生活を描き、イタリア社会に衝撃を与えた。コレラ禍の翌年には、ナポリ都市開発法が制定され、スラム街の撤去と新しい幹線道路の整備などからなる、都市の大改造が行われることになった。こうした都市改造は、首都となって巨大化しつつあったローマや工業化の進みつつあったミラノなどでも行われている。

都市の変容とともに、情報伝達と世論形成のための媒体として、新聞の持つ重要性が高まっていった。ミラノの『イル・コッリエーレ・デッラ・セーラ』(一八八五年創刊)、トリノの『ラ・スタンパ』(一八九五年創刊)、ローマの『イル・メッサッジェーロ』(一八七八年創刊)、ナポリの『イル・マッティーノ』(一八九二年創刊)など、今日まで刊行されている新聞がこの時期に創刊されている。

移民　統一前から、イタリア諸国は他のヨーロッパ諸国や南北アメリカに向けて、移民や政治亡命者を送り出していた。だが、統一後には、それとは比べようもない規模の移民が、労働を目的として国外に出て行くことになった。とりわけ、一八九〇年代後半から二〇世紀初頭にかけて、ピークに達することになる。

イタリアの移民統計によれば、一八七六年から一九二五年の五〇年間に、イタリアから国外

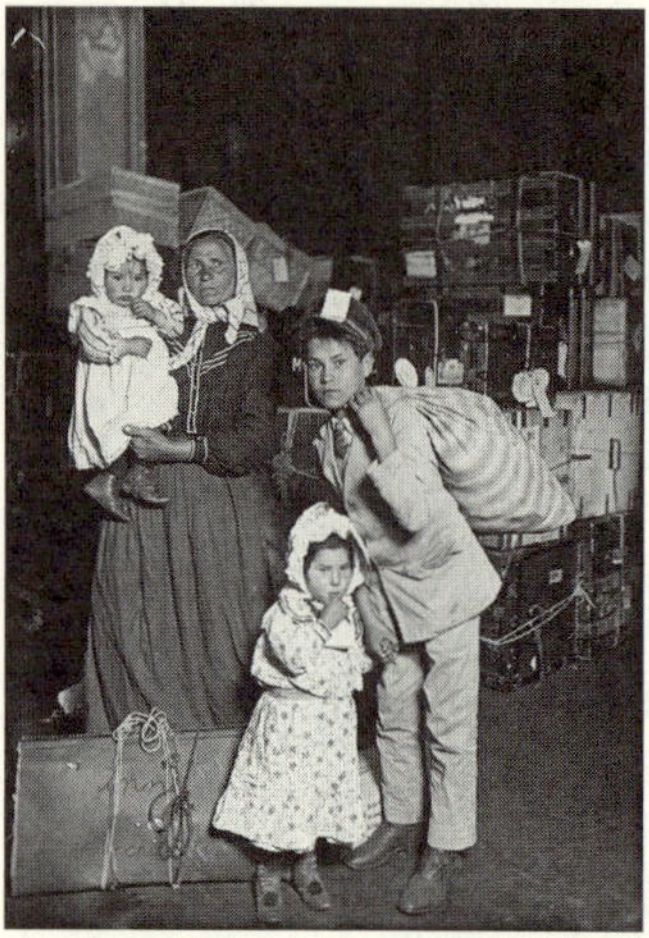

8-4　ルイス・ハイン「ロストバゲッジを探すイタリア人家族」(ニューヨーク，1905年)

に出た移民の数はのべ一六六三万人に達する。そのうちの八割近くが男性であり、それは、この時期のイタリア移民の大半が帰郷を前提とした出稼ぎであったことを示している。

当初は北中部イタリア出身者が多かったが、次第に南イタリア出身者が増加し、とくに二〇世紀初頭にはシチリアからの移民が爆発的に増大した。目的地は、アメリカ合衆国が全体の三〇%、ついでフランスが一六%、アルゼンチンが一三%であり、以下、スイス、オーストリア＝ハンガリー、ドイツ、ブラジルと続いている。他のヨーロッパ諸国と比べた場合、イタリアの移民は目的地がきわめて多様であるところに特色がある。

北中部の出身者は南北アメリカに行った者も一定数存在したが、多くはアルプスの北側のヨーロッパ諸国に向かった。これに対し、南イタリア出身者はほとんどすべてが南北アメリカに向かった。とくに、アメリカ合衆国は南イタリア出身者の比率が高い。イタリア移民に関するイメージは、アメリカ合衆国に向かった南イタリア出身者によって形作られているところが大きいように思われるが、イタリア移民の実態はもっと多様である。

出稼ぎ目的で帰郷する人々が多かった一方で、移民先に定住し、新たなコミュニティを作る人たちも存在した。彼らはさまざまな差別・排斥を経験しながらも、次第に受け入れ国の社会に溶け込んでいく。他方で、出身地域の人々との人的なつながりも切断されたわけではなかった。移民によって結ばれたイタリアと諸外国、とりわけ南北アメリカ諸国との密接な関係は今日まで継続されており、そのことを決して見逃してはならない。

ジョリッティ時代の終焉

クリスピ時代のエチオピア侵攻が失敗してから、イタリアの関心は次第にリビア(トリポリタニアとキレナイカ)に移っていった。ところが、一九一一年七月に、ドイツ軍艦が仏独の係争地であったモロッコに入港する事件(第二次モロッコ事件)が起きて、北アフリカ支配をめぐって緊張が高まった。ジョリッティが首相に復帰していたイタリア政府は、リビアを実効支配するために、当時この地域の宗主権を握っていたオスマン帝国に対して、同年九月に宣戦布告した。

当初のイタリア政府の見込みとは裏腹に、この戦争は膠着し、長期化した。イタリア軍が本来の戦闘地域とは異なるエーゲ海地域に攻撃をしかけたことなどによりオスマン帝国は苦境に陥り、ようやく翌年一〇月に和平条約が結ばれ、イタリアはリビアを獲得した。

この戦争を通じて、イタリア国内ではナショナリズムが高揚する一方で、政治状況が大きく変化することになった。社会党では、植民地戦争に反対する立場からジョリッティに批判的な革命派が台頭し、主導権を握った。一方、一九一〇年に結成されたイタリア・ナショナリスト協会は、戦争前からリビア獲得に向けたキャンペーンを展開し、ジョリッティ外交を弱腰として批判した。

リビア戦争中の一九一二年六月に、実質的な男性普通選挙権を認める法律が制定された。もともとジョリッティは、安定多数を確保できなくなるという懸念から普通選挙権に消極的であったが、次第に考え方を変えていった。新しい選挙法に基づく選挙は、翌一九一三年一〇月に行われた。新たに選挙権を獲得した人々、とりわけ農民の支持を確保するために、ジョリッティはカトリックとの提携を強めた。その結果、革命派が主導権を握った社会党はもちろん、反教権主義を党是とする急進党もジョリッティ不支持を打ち出したのである。

ジョリッティは直面する危機を回避するために、辞任を決意し、一九一四年三月に右派のアントニオ・サランドラに首相の座を渡した。ジョリッティはいずれまた首相に返り咲くことを意図していたが、イタリア社会と国際情勢の激変がそれを許さなかった。ここにジョリッティ時代は終焉を迎えることになったのである。

5　世紀転換期の文化

実証主義と反実証主義

一九世紀後半のイタリアの知的世界は、実証主義が支配していた。事物をありのままに観察し、社会の進歩に対して楽観的な認識を提示する実証主義は、当時のヨーロッパで強い力を持っていたが、イタリアでも同じ傾向が見られた。

実証主義の認識に基づく学問の一つとして、イタリアから発信されたのが犯罪人類学である。その祖であるチェーザレ・ロンブローゾ(一八三五―一九〇九)は、オーストリア支配下のヴェローナに生まれ、イタリア統一後に、トリノなど各地の刑務所で死亡した受刑者の医学鑑定を積み重ねた。その成果として、生まれながらにして犯罪を引き起こしやすい肉体的・精神的な特質をもった人間が存在することを「実証」した。彼の唱えた「生来性犯罪者説」は人種主義や優生学との親和性を持ち、現在では否定されているが、同時代的には強い影響力を持った。

これに対し、世紀末になると、実証主義を否定する新たな思潮が登場してくる。イタリアにおいてその先鞭をつけたのが、エリート理論の提唱者たちである。パレルモに生まれたガエターノ・モスカ(一八五八―一九四一)は、あらゆる政治体制において、権力を保有しているのは組織された少数者であるとして、民衆による支配としての民主主義は成立しえないと説いた。また、マッツィーニ派であった父の亡命中にパリで生まれたヴィルフレード・パレート(一八四八―一九二三)は、「パレート最適」により経済学者として知られているが、歴史はエリート間の権力闘争に過ぎないとし、マルクス主義的な社会主義もエリート支配の一形態に過ぎないと喝破した。

こうした実証主義批判の潮流は、ジョリッティ時代に入ると、ジョリッティの政治指導に対する敵対や対抗、すなわち反ジョリッティ主義へと展開していく。

芸術活動と反ジョリッティ主義

反実証主義の潮流はアカデミーの世界にとどまらず、文芸の分野にも及んでいた。その動きを代表するのが、二〇世紀初頭にフィレンツェで相次いで刊行された、『レオナルド』や『ヘルメス』『ラ・ヴォーチェ(声)』『ラチェルバ』といった雑誌である。それらは創作や文芸批評にとどまらず、哲学や政治評論の論考も含んでいた。

とくに『レオナルド』を主宰したジョヴァンニ・パピーニ(一八八一―一九五六)とジュゼッペ・プレッツォリーニ(一八八二―一九八二)は、理性に対する徹底的な不信から実証主義を批判し、パレートの理論を援用して民主主義や改良主義的な社会主義、そしてジョリッティに対する敵意を露わにした。

既存の芸術に対する徹底的な批判者として、ジョリッティ時代に彗星のごとく現れたのが、

「未来派」の運動である。これは一九〇九年に、フィリッポ゠トンマーゾ・マリネッティ(一八七六―一九四四)がフランスの『フィガロ』紙に発表した「未来派宣言」を契機に誕生した。

マリネッティは、エジプトのアレクサンドリアでイタリア人の両親のもとに生まれ、フランスで勉学を積んだ人物である。彼は過去の破壊を標榜し、近代という時代の特性を力と速度に見出した。「戦争は世界の健康法」というスローガンが彼の思想を物語っている。マリネッティは主に詩作を行ったが、グループには画家や音楽家など多彩な顔触れがそろっていた。彼らは挑発的な言動で人々の耳目を引き付け、既存の政治・社会秩序に敵対する活動を展開した。

そしてもう一人、時代の寵児となったのが、ガブリエーレ・ダンヌンツィオ(一八六三―一九三八)である。アブルッツォ地方のペスカーラに生まれた彼は、一六歳で出版した詩集『早春』(一八七九)で注目され、その後ローマを拠点に次々と小説や戯曲を発表した。彼の作品は、世紀末におけるデカダンスの文化をイタリアにおいて体現したものであった。

彼は作品だけでなく、女優エレオノーラ・ドゥーゼをはじめとする数多くの女性との浮名や多額の借金など、スキャンダルの数々でも時代の寵児となった。彼が突飛ともいえる政治的パフォーマンスで社会に衝撃を与えるのは、第一次世界大戦以降のことである。

第9講

ファシズムの時代

20世紀前半

全国バリッラ事業団の少年たち

1915	イタリア，第1次世界大戦参戦
1919	ヴェルサイユ講和会議
	ムッソリーニ，ミラノで「戦士のファッシ」結成
	ダンヌンツィオによるフィウーメ占領
	「赤い2年間」(〜1920)
1920	ファシストによるボローニャ市長就任式襲撃
1921	イタリア共産党結成
	国民ファシスト党結成
1922	ローマ進軍，ムッソリーニが首相に就任
1924	マッテオッティ事件，反ファシストによるアヴェンティーノ連合の結成
1925	ムッソリーニ，議会で「力による支配」を宣言
	「穀物戦争」宣言，全国ドーポラヴォーロ事業団・全国母子事業団設立
1926	全国バリッラ事業団設立，協同体省設置
	反ファシストの亡命が相次ぐ
1929	イタリア政府と教皇庁，ラテラーノ協定締結
1933	産業復興機構設立
1935	エチオピア戦争開始(〜1936)
1936	スペイン内戦に介入
1938	人種法制定
1939	ドイツとの間で「鉄鋼協定」成立
	第2次世界大戦勃発，イタリアは「非交戦国」を宣言
1940	イタリア，第2次世界大戦参戦
1943	連合軍がシチリアに上陸，イタリアが休戦協定発表
	連合軍に占領された南部と戦争が継続する北部とに分裂
	国民解放委員会の結成(レジスタンスの開始)，イタリア社会共和国の樹立
1944	ローマ解放，フィレンツェ解放
1945	北イタリア解放

「四年前にドゥーチェ〔ムッソリーニ〕に会ったことがあるの、ボルゲーゼ公園で。彼は馬に乗っていた。私は足を止めた。彼は早足《ギャロップ》で通り過ぎる時に、私を見たの。体じゅうが熱くなって、買い物かごをもったまま立てなくなって、頭がくらくらして、私は気絶して倒れた。通りがかりの人に助けられて、意識が戻った。その日に、私は自分が妊娠していることを知ったのよ」

――エットレ・スコーラ監督『特別な一日』（一九七七年。アントニエッタの台詞）

1　第一次世界大戦と戦後の混乱

大戦の勃発とイタリアの参戦

サライェヴォ事件から一カ月後の一九一四年七月二八日、オーストリアはセルビアに宣戦布告し、第一次世界大戦が始まった。イタリアはただちに中立を宣言する。三国同盟は防衛を旨とした条約であり、開戦にいたる経緯は同盟の定める参戦の条件に該当しないというのが、イタリア政府の立場であった。

リビア戦争での軍事的・財政的な痛手から立ち直っていないイタリアにとって、その終結から二年弱で、新たな戦争に参加する余裕はなかった。近年の研究では、リビア戦争、二度のバルカン戦争(一九一二―一三)、第一次世界大戦の開戦までを、東地中海史における一連の事態として理解しようとする傾向があるが、イタリアはまさに第一次世界大戦の前哨戦となった戦争を終えたばかりだったのである。そのうえ、国内には参戦派と中立派との対立が存在した。

中立派の先頭に立つのは、ジョリッティであった。彼はイタリアの国力に鑑《かんが》みて、ヨーロッパ規模の戦争には耐えられないと判断していた。また、教皇庁やイタリア社会党も、それぞれの立場から、イタリアの参戦に反対した。

これに対して、参戦を主張した人々も多様であった。イタリア・ナショナリスト協会に集った「ナショナリスト」たちは領土拡張の立場から参戦を主張し、未来派は過去を破壊するために戦争を求めた。また、民主主義を守るために独・墺と戦うべきであると訴える民主参戦派と呼ばれた人々や、戦争の混乱に乗じて革命を成就するという立場から参戦を主張する社会主義者も存在した。

その間、サランドラ政権は秘密裏に同盟国側、協商国側の双方と交渉を重ね、結局、英仏を中心とする協商国の側に立って、独・墺と戦うことを決断する。しかし、議会の多数派は中立支持であり、行き詰まったサランドラは辞任を決意する。それを救ったのが、未来派やダンヌンツィオをはじめとする参戦派の人々による派手な街頭行動であった。ジョリッティが首相復帰を拒否したこと（なぜ彼がそのような行動をとったのかは今なお不明である）で、議会も参戦支持に転じ、一九一五年五月二四日、イタリアはオーストリアとの戦争に突入した。

この戦争でイタリアにとって主戦場となったのは、オーストリアとの国境沿いのイゾンツォ川とアジアーゴ高原であった。戦線は膠着し、イタリア軍はいたずらに死傷者を増やしていった。山岳戦において、伊墺両軍が谷を挟んだ至近距離で対峙する緊迫した状況については、士官として従軍したエミリオ・ルッスの『戦場の一年』（一九三八）がよく物語っている。

イタリア戦線とヴェルサイユ会議

事態が大きく動いたのは、革命によりロシアが離脱し、ドイツ軍の支援を受けたオーストリア軍がイタリア戦線に戦力を傾注するようになった一九一七年一〇月である。イゾンツォ川沿いのカポレットでイタリア軍は大敗し、オーストリア軍が一時イタリア領内に深く侵攻した。「カポレット」は、イタリアが苦境に陥ったことを隠喩的に示す言葉として、現在もよく用いられる。

だが、一九一八年に入ると戦局は協商国側に有利に推移し、同年一〇月にはイタリア軍はヴェーネト地方のヴィットーリオ・ヴェーネトでオーストリア軍に勝利を収めた。この結果、イタリアは墺・独と相次いで休戦協定を結び、「勝者」として第一次世界大戦を終えた。のべ四二〇万人の兵士を動員し、死者六五万人、身体に何らかの障害を負った者五〇万人を出した末

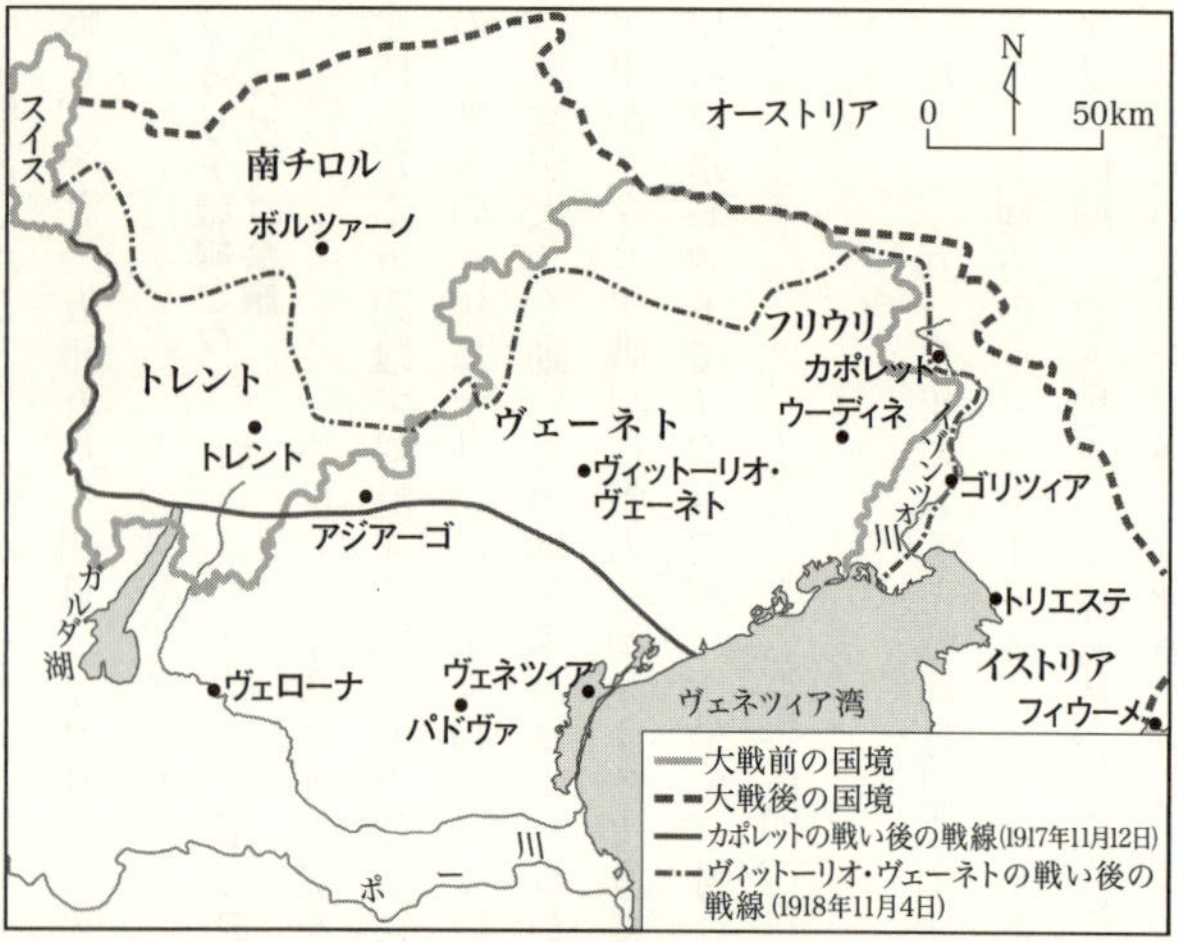

9-1　第１次世界大戦の戦場

のことであった。

イタリアでは政府も国民も、この勝利に対して過剰な期待を抱いた。一九一九年一月にヴェルサイユ会議が始まると、それが幻想に過ぎなかったことを思い知らされる。トレント地方やトリエステ、イストリア半島の大部分などをイタリア領にできたものの、イストリア半島東端のフィウーメ一帯やダルマツィアの大部分など、イタリアが要求していた領土を獲得できなかった。それらの地域は確かにかつてヴェネツィア共和国が支配していたが、一九世紀を通じて南スラヴ民族主義が浸透し、イタリア語話者は少数となっていた。民族自決の原則のもとに、東・中欧に新国家が樹立されていくなかで、イタリアの要求が認められる余地はほとんどなかった。

しかし、イタリア国内では、この状況に納得できない人々の不満が爆発した。ついに、ダンヌンツィオは私兵を組織し、同年九月にイストリア半島の港湾都市フィウーメへの示威行進を決行して、この都市を軍事占領するにいたった。その背後に、イタリア軍内部をはじめとする一部の政府関係者の意向が働いていたことは確かであろう。

フィウーメでは、その後一年あまり、ダンヌンツィオ指揮下の執政府が支配した。そこには、かつて反ジョリッティ主義をかかげ、さらには自由主義国家そのものに敵対した左右両派のさまざまな人々が集っていた。このダンヌンツィオ政権が、一九二〇年に首相に復帰したジョリッティによって崩壊させられたのは皮肉なことであった。ジョリッティは、新国家ユーゴスラヴィアとラパッロ条約を締結して国境問題をひとまず解決し、武力によってダンヌンツィオらをフィウーメから排除したのである。

「赤い二年間」　大戦中、政府は総力戦を戦い抜くために、戦時経済体制を築いた。戦時国債を大量に発行して、兵器や自動車などの生産を進めた。その結果、工業部門が発展し、フィアットなど一部の企業が巨大化した。だが、戦争が終わると反動が一挙に訪れる。政府による需要が急減して景気が悪化し、戦場から兵士が帰還したことにより失業者が激増した。財政赤字は拡大し、インフレーションが亢進した。都市における食糧不足も深刻化し、民衆の生活は戦時中にもまして苦しいものになった。

この状況のもとで、民衆は不満を募らせ、それは次第に民衆騒擾へと発展していく。一九一九―二〇年の二年間は、イタリアの各地でストライキや土地占拠、工場占拠が頻発し、のちに「赤い二年間」と呼ばれるようになる。

民衆による騒擾は、まず農村部で起きた。賃金や雇用条件の改善を求める農業労働者や、農業契約の改善を求める折半小作農など、さまざまなカテゴリーの農民が立ちあがった。とりわけ南イタリアでは、農業労働者による土地占拠運動が頻発した。

農村に始まった騒擾は都市部にも波及し、とくにトリノでは、自動車工場を中心とする金属・機械工業の労働者たちが「工場評議会」を設立し、これを拠点として労働者による権力の樹立を目指す運動を行った。それは次第に、工場占拠運動へと発展する。この運動は、政権に復帰したジョリッティによる巧みな労使調整によって敗北に終わるが、組織化された労働運動が持つ力量は、自由主義的な政治指導層の眼に、体制に対する脅威と映った。

人民党と社会党

一八九八年の世紀末危機の際に、「赤」(社会主義勢力)と「黒」(カトリック勢力)は自由主義国家の敵とみなされ、弾圧の対象とされた。しかし、第一次世界大戦を経て、両者は農民組合や労働組合、協同組合といった大衆組織に支えられながら、イタリアの政治と社会の中心に躍り出ることになる。

イタリア初のカトリック政党であるイタリア人民党は、一九一九年一月にローマで結成された。指導者はシチリア出身の聖職者ルイージ・ストゥルツォ（一八七一―一九五九）である。人民党は、教権・穏健主義派と呼ばれる官界、財界、メディアのカトリック系有力者と、カトリック系労働組合や農村金庫、協同組合といった大衆組織を基盤とするキリスト教民主主義者から構成され、ストゥルツォは後者の潮流に属した。同年一一月に行われた総選挙では、党として初めて挑戦した選挙であったにもかかわらず、一〇〇議席を獲得して、下院第二党の地位を得た。

戦前から議会で確固たる地歩を築いていた社会党も、戦後に躍進を遂げた。戦前の社会党には貧弱な中央組織しかなく、活動は地域レベルの労働組合や協同組合に依拠していたが、戦後には党支部の組織網が形成され、大衆政党としての相貌を整えていった。一九一九年一一月の総選挙では一五六議席を獲得し、下院第一党の座を獲得した。

とりわけ、農業労働者（ブラッチャンティ）の数が多く、その組織化が進んだポー川の中下流域では、農民組合が非組合員の雇用禁止などを雇用者側に認めさせたために、多くの労働者が組合に参加するようになった。大衆基盤に支えられ、この地域の基礎自治体の多くで社会党が市政を掌握した。彼らは生活協同組合や余暇組織を通じて、住民の生活全般に影響力を行使し、「自治体社会主義」と呼ばれる状況を生み出した。

しかし、戦前においてもそうであったように、社会党内にはさまざまな潮流が存在し、主導権をめぐる争いは苛烈であった。一連の革命を通じてロシアで社会主義体制が成立すると、その評価をめぐって路線対立はいっそう激しくなる。

結局、一九二一年一月に、トリノで工場評議会運動を指導したアントニオ・グラムシ（一八九一—一九三七）をはじめとする最左派の人々が離脱し、イタリア共産党を結成した。また、一九二二年一〇月には、政権との妥協を主張した改良派が除名され、彼らは統一社会党を結成した。こうして、第一党に躍進した選挙から三年足らずで、社会党は三つに分裂することになったのである。

2　ファシズム政権の成立

ムッソリーニ　大戦後に社会の組織化・大衆化が進むなかで、新たな政治勢力が登場した。ファシズム運動である。この政治運動は、その指導者ベニート・ムッソリーニ（一八八三—一九四五）の存在と切り離して論じることはできない。

ムッソリーニは、農民運動が活発であったポー川下流域のエミリア・ロマーニャ地方フォルリ県に生まれた。父親は社会主義に傾倒する鍛冶職人、母親は敬虔なカトリックの小学校教師という家庭であった。父の影響を受けて、青年時代から社会主義運動に関心を持ち、社会党に入党すると、卓越した弁舌能力を発揮し、革命派の旗手として頭角を現した。一九一二年には、党の機関紙『アヴァンティ』の編集長となり、三〇歳を待たずして党幹部となる。

だが、第一次世界大戦が勃発すると、党の方針に反して参戦論を主張するようになり、党を除名された。戦争の混乱に乗じて革命を実現する、というのが彼の持論であった。党除名と相前後して自らの新聞『イタリア人民(イル・ポーポロ・ディタリア)』を創刊し、同紙が資金不足に陥ると財界から支援を受けながら、参戦論者の結集を図った。

終戦から間もない一九一九年三月、ムッソリーニはミラノのサン・セポルクロ広場で集会を開催し、その場で「戦士のファッシ」という組織を旗揚げした。団結を意味し、一九世紀末の社会主義運動でしばしば用いられた「ファッシ」という言葉から、彼がこの組織に社会主義的な要素を持ち込もうとしていたことがうかがえる。実際、この組織の綱領に最低賃金の設定や戦争成金からの戦時利得の没収といった項目が盛り込まれているように、富の平等を求める志向があった。

しかし他方では、イタリアが大戦を戦い抜いたことを礼賛し、その対価としての領土拡張を強く求めるなど、社会党との差異を明確にしていた。集会の参加者には、未来派の活動家や復員兵、さらには大戦中に最前線で奇襲戦の遂行といった危険な任務に携わってきた突撃兵(アルディーティ)たちがいた。彼らは大戦を通じて、苛烈なナショナリズムに傾斜していった人々であった。

ボリシェヴィズムに対する激しい敵意を抱いていた彼らは、暴力的な革命ではなく、議会活動を通じて支持を広げる戦略を選び、同年一一月の総選挙に挑んだ。しかし、一人の当選者も出せない惨敗に終わり、彼らは自らが拠って立つ組織的基盤を持たない弱さを思い知った。

農村ファシズムと国民ファシスト党の結成

北イタリアのポー川中下流域を中心に社会党主導の自治体社会主義が形成されていくと、それに反発する動きが地域のさまざまな社会階層から起きた。地主や土地経営者だけでなく、自作農や借地農、商店経営者といったいわゆる中間層に属する人々も反感を募らせていった。彼らのなかから、暴力を用いて自治体社会主義を打倒しようとする運動が現れる。農村ファシズムと呼ばれる動きである。彼らは黒いシャツに身を包み、地域レベルの指導者(エチオピアのアムハラ語で指導者を意味する「ラス」の名で呼ばれた)の指揮下に徒党を組んで、社会主義勢力に対する襲撃を行うようになった。

こうした暴力的な行動の象徴的な事例が、一九二〇年一一月に起きたボローニャでの社会党市長就任式に対する襲撃であった。ファシストは銃や爆弾を使って式を破壊し、社会党の牙城ボローニャの市政に打撃を与えた。軍や警察には社会主義に敵意を抱く人々が多く、ファシストよりも社会党員を厳しく取り締まったこともあり、ファシストは次第に社会党の支持基盤を切り崩していくようになる。

ラスたちは地域レベルでは影響力を持ったが、地域を横断して彼らが連携することは困難であった。そこで彼らが期待を寄せたのが、全国的な知名度を持ち「戦士のファッシ」を率いるムッソリーニである。大衆的な組織基盤を持たずに一九一九年の総選挙で大敗を喫していたムッソリーニにとっても、急速に勢力を拡大した農村ファシズムと連携し、さらに彼らを自らの指導下に組み込むことは願ってもないことであった。

ファシストによる暴力が拡大し続けるなかで、当時の首相ジョリッティは彼らを非暴力化・体制化するために、一九二一年五月の総選挙において、ファシストを自由主義者などから構成される「国民ブロック」に引き入れた。その結果、ファシストはムッソリーニをはじめ三五人を当選させることに成功した。

選挙直後にリグーリア地方でファシスト組織と官憲が衝突し、ファシストから多くの逮捕者が出ると、ムッソリーニもファシストを体制化することが得策であると考えるようになる。同年八月に社会党との間で「平和協定」を結び、同党に対する暴力の停止を打ち出したのも、その一環であった。だが、この政策は地方のファシズム組織から猛反発を受ける。自らの指導力の揺らぎに直面したムッソリーニは、一一月にファシスト幹部を集めた会議を招集し、運動を政党化することで自らの権威をラスたちに認めさせた。国民ファシスト党（ＰＮＦ）の結成であ

9-2　1922 年 10 月，ローマ進軍に向けてナポリに集合したファシストたち．前列左から 4 人目がムッソリーニ

る。

組織の引き締めに成功したファシズム運動は、再び社会主義者に対する攻撃を強めていった。彼らは社会党の地方支部、農民組合、協同組合といった組織を解散に追い込み、会員を自らの組織に取り込んだ。社会主義者に代わって自治体の権力を掌握したファシストたちは、それを維持するために国家権力を獲得することが必要であると認識するようになる。

ローマ進軍と独裁への道

一九二二年九月に、ムッソリーニはこれまで維持してきた共和主義を放棄し、王政支持の態度を明確にした。政権取得に向け、宮廷や保守層が抱いてきたファシストに対する不安を一掃するためであった。

一〇月、ファシストはローマに向けて示威行進を始めた。「ローマ進軍」と呼ばれる動きである。これは多分に象徴的・儀礼的な行動であったが、議会や国王に対する威嚇としては大きな効果を発揮した。ファクタ首相が国王に戒厳令の発布を求めたのに対して、国王ヴィットーリオ＝エマヌエーレ三世の回答はファクタの解任とムッソリーニの首班指名であった。

　成立したムッソリーニ政権は、ファシスト党に自由主義者、人民党、ナショナリストなどが加わった連立政権であった。下院の全議席に占めるファシスト党の比率は一割にも満たない状況であった。就任から間もなく、ムッソリーニは党や政府の上位に位置する機関としてファシズム大評議会を設置した。また、翌年には新しい選挙法を制定し、最多得票を得た党派に下院の議席の三分の二が与えられることを定めた。この選挙法に基づいて行われた一九二四年四月の総選挙では、ファシストによる暴力や警察による反対派に対する選挙妨害により、国民ファシスト党が圧勝した。

　選挙後に開かれた議会で、統一社会党書記長ジャコモ・マッテオッティは選挙中のファシストによる暴力行為を厳しく糾弾した。彼はそれから間もなく行方不明となり、遺体となって発見された。ファシストの犯行が疑われ、実際に逮捕者も出た。社会党をはじめとする野党勢力はアヴェンティーノ連合を結成し、議会審議を拒否する戦術に出た。ムッソリーニは首相就任後、最大の危機を迎えたが、アヴェンティーノ連合が具体的な対抗策を打ち出せなかったこともあり、何とかこの危機を乗り越えることに成功した。

　危機を乗り切ったムッソリーニは、一九二五年一月三日、議会演説で「力による支配」を宣言し、その後は矢継ぎ早に打ち出した政策を通じて、独裁への道を進んでいく。結社規制法、定期刊行物規制法、公務員免職法などにより国民の諸権利を制約し、首相権限や県令権限を強化して行政府の権限の強大化を図った。市町村長の選挙制もとりやめて任命制にし、首長の名称として中世に用いられた「ポデスタ」を採用した。また、国家防衛法を制定し、秘密警察(OVRA)を創設した。

さらに、アヴェンティーノ連合に加わった議員の議員資格を停止し、ファシズムに反対する政党・団体の解散を命じた。その結果、一九二六年にはフランスを中心として国外に亡命する人々が相次ぐことになる。ファシスト党も集権化され、党内の異論が排除されていった。こうして、ファシズムによる独裁体制が築き上げられていったのである。

3　ファシズム体制と合意の形成

全体主義化

独裁体制を築いたムッソリーニおよびファシスト党は、イタリア人全体をファシスト化することを目指し、「全体主義(トタリタリズモ)」の名のもとに国民の組織化を図った。「全体主義」はもともと反ファシストたちがファシズムを批判するために用いた言葉であったが、ファシストはそれを国民の一体化・同質化を意味するものとして利用したのである。

全体主義的な国民の創出のために、ファシストはそれまでの自由主義国家が行うことのなかった、人々の私的な生活領域への介入を積極的に行った。余暇や出産・育児、青少年の日常生活への介入がその典型的な事例である。

一九二五年に創設された全国ドーポラヴォーロ(「仕事のあと」の意味)事業団は、人々の余暇やレジャーに関わる事業を運営する組織である。事業の対象はスポーツの競技大会や社交ダンス会の運営、コンサート・演劇・映画の鑑賞、団体旅行の組織のほか、購買事業や農業指導など多岐にわたった。一九三六年には三〇〇万人近い加入者を擁し、とりわけ都市のホワイトカラー層には広く浸透した。今日でも、この事業団によって建設された建物が映画館などに利用されているのを目にすることができる。

9-3 全国ドーポラヴォーロ事業団が組織したベルリンへのツアー(ジェノヴァ駅, 1939年8月)

全国母子事業団(一九二五年創設)は、妊産婦と新生児の健康管理を主たる目的とした。イタリアでは二〇世紀初頭から出生率が下落傾向にあったことが知られており、人口を国力の源泉とみなすファシズム政権は、人口の増大を図ってこの事業団を立ち上げたのであった。この事業団を核として、その後のファシズム政権のもとでは多産奨励策が次々に打ち出されていく。

それと同時に、この事業団はシングルマザーや非嫡出子の保護も行ったが、それは「伝統的なモラル」の崩壊を監視するためのものでもあった。女性の健康促進を旨とした組織であったが、ファシズムは男権主義と女性蔑視に満ちていた。

全国バリッラ事業団（一九二六年創設）は、一八歳以下の青少年を対象とした組織で、学校教育とは別個に、軍事教練やスポーツ、文化活動、職業訓練などを行った。バリッラとは一八世紀のジェノヴァの愛国少年の名前である。

国民ファシスト党の党歌が「青春」という題を冠していることに象徴されるように、ファシズムは若さや青春を偏愛していたが、それは単なるイデオロギー的表現ではなかった。ファシズム政権は青少年のファシスト化を徹底することにより、いずれイタリア社会全体がファシスト化されるという見通しのもとに、青少年教育を重視したのである。一九三六年には、対象年齢の男子の七割以上、女子の約半数が事業団の会員として組織されていた。

近年の研究では、こうした事業団の活動はファシズム政権が期待したほどには機能せず、体制に対する大衆の合意の形成という観点からすると、失敗に終わったと評価されることが一般的である。

だが、社会の全体主義化は実現しなかったとしても、私的な生活領域に国家が露骨に介入したことは、ファシズムの重要な特質として強調されていいだろう。また、一連の事業団の存在が、一九三〇年代のドイツにおけるナチズム政権の政策にも影響を与えたこと(たとえば、余暇組織としての「歓喜力行団」など)を忘れてはならない。

協同体主義とラテラーノ協定

独裁体制への移行にともない、それまでの経済的自由主義を放棄したファシズム政権は、経済活動に対する国家介入を強めていった。低い穀物自給率を上昇させるために、あえて穀物関税を高く設定する一方で、国内の生産を増大させる政策を打ち出した。その一環として、ローマ周辺などの沼沢地の干拓を行い、かつて農民運動の盛んであったポー川下流域の農業労働者を新たな耕地に移植させて自営農民とする事業を展開した。

また、自国通貨の価値が高いことが国家の威信の証であるとの立場から、リラ高を誘導する政策をとった。それらの政策は「穀物戦争」、「リラ戦争」と呼ばれたが、戦争のメタファーはファシストの得意とするところであった。

ファシズムによる経済政策として注目されるのが、「協同体主義(コルポラティヴィズモ)」である。これは資本主義とも社会主義とも異なる第三の道を標榜するファシズムが提唱した考え方で、経営者団体と労働組合の代表者から構成される協同体(コルポラツィオーネ)を国家機関として立ち上げ、そこで労使間に発生するさまざまな問題の解決を図るというものである。

すでに独裁体制への移行の過程で、ファシスト労働組合が労働者の代表として経営者団体と独占的に交渉する権利を獲得し、社会主義系やカトリック系の労働組合は解散を余儀なくされていた。これを受けて、一九二八年には、下院を経営者団体や労働組合などの職能団体の代表者から構成される議会に改編することも協議された。

結局、下院改革は実現せず、協同体は当初想定されていたような実体をもつにはいたらなかった。ファシスト労働組合の立場から見れば、協同体設立に向けた一連の政策により、政府に対する彼らの交渉能力は低下し、労働組合の弱体化をもたらしただけであった。しかし、労使の協調のもとに国家の生産力を上昇させるというアイデアは、ポルトガルやアルゼンチンをはじめ、同時代のいくつかの国で一定の影響力を持つことになった。

ムッソリーニが政権基盤の強化のために模索していたもう一つの課題が、教皇庁との「和解」であった。それは、一九二九年二月にイタリア政府と教皇庁との間で結ばれたラテラーノ協定により実現した。

この協定は「教皇庁とイタリア政府との間の条約」、「政教協約」、「財務協約」という三つの条約・協定から成る。一番目の条約で、イタリア政府が主権国家としての「ヴァチカン市国」を承認したことにより、一八七〇年にイタリア王国がローマを占領した時から続く「ローマ問題」に終止符が打たれた。また、「政教協約」では、中等教育への宗教教育の導入や、教会婚の法制化、宗教活動の自由の保障などが定められた。

「ローマ問題」はファシズム政権下で最終的な解決を見たが、自由主義国家のもとで和解の動きは水面下に進行しており、ラテラーノ協定はあくまでもその最後の到着点に過ぎない。それゆえ、「和解」をムッソリーニの成果として強調することは慎むべきである。

この協定により、ムッソリーニはカトリック信徒からの一定の支持を獲得することに成功したが、宗教教育の導入といった要素を考えれば、より大きな利益を享受したのはむしろ教皇庁の側であった。実際に、カトリック活動団の存在が容認され、彼らが自らの青少年組織の活動を維持したことで、ファシズム政権は国民のファシスト化、全体主義化という目標を体制内から阻害されることになったのである。

世界恐慌と政策転換

一九二九年一〇月にアメリカで始まった世界恐慌は、翌年末までにイタリアにも波及した。失業者が増大し、労働者の賃金は大幅に低下した。独裁体制下にもかかわらず、ストライキや抗議行動が続発した。この状況を受けて、ファシズム政権はさまざまな政策転換を余儀なくされた。

国民ファシスト党は政権獲得後、異論を持つ人々を除名するなどして党員数を絞り込んでいたが、世界恐慌後は「党は体制の毛細血管」というスローガンのもとに、党組織をさまざまな領域で積極的に活用する政策に転換した。新規の党員募集が行われ、党員数は一九三〇年代末に二六〇万人にまで増大した。それとともに、ムッソリーニに対する個人崇拝も強化された。

世界恐慌で打撃を受けた経済に関しては、イタリア動産機構（ＩＭＩ）と産業復興機構（ＩＲＩ）という二つの機関が設立され、国家による経済の統制が強まった。前者は経営危機に陥った銀行を救済するための組織であり、後者は銀行が保有する諸企業の株式を取得することで、鉄鋼・造船・海運などの有力企業を事実上、国家の傘下で経営するための機関である。

また、老齢・障害・失業などの各種保険を取り扱う全国ファシスト社会保障機構（ＩＮＦＰＳ）や全国ファシスト労働災害保険機構（ＩＮＦＡＩＬ）といった、自由主義期に誕生した公庫を拡充した機関を創設し、社会福祉行政を積極的に進めた。これらの機構は、ファシズム政権が崩壊した第二次世界大戦後の第一共和政の時代にも引き継がれていくことになる。

一九三〇年代には、失業対策も兼ねて、さまざまな都市の改造が行われた。とりわけ、首都であり、ファシズムが理念的に重視する古代ローマ帝国の発祥の地であるローマでは、古代の遺跡の存在を強調する目的で、一六世紀以降に作られた街区の一部が解体され、大きな直線道路が数多く作られた。この新しい道路を、ファシストは軍事パレードの場として利用していったのである。

外交政策の転換とエチオピア戦争

対外的な領土拡張主義は、ムッソリーニが「戦士のファッシ」を創設した時からファシストにとっての基本理念であったが、一九二〇年代には当時の国際協調主義の流れのなかで、比較的穏やかな外交政策が採られた。それでも政権は領土拡大への意欲を失うことはなく、一九二六年にはアルバニアとの間にティラナ条約を結び、この国をイタリアの勢力下に置くための布石を打った。

世界恐慌を経て一九三〇年代に入ると、外交政策は明らかな変化を見せる。それはまず、リビアにおいて現れた。二〇世紀初頭に植民地化したリビアであったが、イタリアによる支配は沿海部のオアシス都市に限られていた。イタリア軍は、一九二〇年代末から内陸部への侵攻を開始し、イスラーム神秘主義教団のサヌーシー派に率いられた抵抗勢力を武力で弾圧して、内陸部の制圧に成功した。その際には、強制収容所の設置や捕虜に対する虐待などが行われている。

そして、一九三五年一〇月にはエチオピアへの軍事侵攻を開始する。エチオピアは一八七〇年代以降、イタリアが虎視眈々と植民地に狙ってきた地であった。けれども、エチオピアは国際連盟の発足当時からの加盟国であった。加盟国への侵略行為により、イタリアは国際連盟から経済制裁を受けることになった。満州事変（一九三一）により国際連盟から厳しい批判を浴びた日本の轍を踏むことになったのである。

それでも侵攻は続き、翌一九三六年五月には首都アディスアベバを陥落させて、イタリア領エチオピア帝国の建国が宣言された。このエチオピア戦争でも、化学兵器のマスタードガスが使用されるなど、国際法に違反する残虐行為が繰り広げられたことがよく知られている。

エチオピア戦争による国際的孤立を経験して、イタリアはナチが政権を掌握していたドイツに急速に接近していく。もともとムッソリーニはヒトラーに警戒心を抱いていたとされるが、国際情勢は彼の選択の余地を次第に狭めていくことになった。一九三六年七月に勃発したスペイン内戦では、イタリアはドイツとともにフランコ軍を支援して介入し、一〇月には伊独の外相会談後に、ムッソリーニが両国の友好関係を「ローマ・ベルリン枢軸」と表現した。

さらに、翌一九三七年九月にムッソリーニがドイツを訪問したのちに、一一月に日独防共協定に加わって日独伊防共協定を成立させ、一二月には日本とドイツを追うように国際連盟を脱退した。一九三八年五月にはヒトラーがイタリアを訪問し、九月のミュンヘン会談を経て、一九三九年五月には伊独間で「鉄鋼協定」が結ばれる。次第に、ムッソリーニはヒトラーのペースに乗せられる形で、自らの外交を展開せざるを得なくなっていく。もはや次の大戦は眼前に迫っていた。

なお、ナチ・ドイツとの関係が密接になったことを受けて、一九三八年九月に人種法が制定された。これはユダヤ人の公職追放や大学からの追放を定めた、明確な反ユダヤ法である。この法律は、ナチ・ドイツに対する接近の証に制定されたと理解されることが一般的である。だが、イタリアにも一九世紀以来、反ユダヤ主義を唱える知識人が一定数存在し、この国が反ユダヤ主義と全く無縁ではなかったことも記憶しておくべきであろう。

4　第二次世界大戦とレジスタンス

第二次世界大戦の戦局

一九三九年九月一日、ドイツ軍がポーランドに侵攻し、第二次世界大戦が始まった。イタリアは「非交戦国」と称し、参戦を見送った。戦争への準備は不十分であり、国内にはカトリック教会をはじめ参戦に慎重な立場の人々が多く存在していた。第一次世界大戦の際に見られたのと似たような光景が繰り返されていた。

しかし、ドイツ軍が優勢に戦いを進めるのを見たムッソリーニは、一九四〇年六月、英仏に宣戦布告する。同年九月には日独伊三国同盟を締結し、それと相前後してエジプトとギリシアに侵攻した。

ドイツ軍の支援を受けて戦線を拡大したイタリアであったが、一九四二年後半には戦局は伊独両軍にとって不利に展開していった。同年一一月、エジプト領内のエル・アラメインで伊独両軍はイギリス軍に完敗し、その後も敗走を続けた。また、前年に始まった独ソ戦にはイタリアも派兵していたが、ここでも大敗北を喫した。敗色の気配が次第に濃厚となっていった。

ムッソリーニ解任と休戦協定

一九四三年七月一〇日、英米両国を中心とする連合軍がシチリアに上陸した。敗北を覚悟した宮廷、軍指導部や国民ファシスト党幹部の一部は、敗戦の責任をムッソリーニに押し付けることを決断した。七月二四日から翌日にかけて、のちに「宮廷クーデタ」とも呼ばれる一連の経緯を経て、ムッソリーニを首相から解任し、後任の首相に元陸軍参謀総長ピエトロ・バドリオ(一八七一―一九五六)を据えた。ムッソリーニは逮捕され、軟禁状態に置かれた。

イタリアのさまざまな都市が連合軍の空爆にさらされるなかで、バドリオ政府は表向きには戦争継続を主張しつつ、秘密裏に連合軍との交渉を行った。その結果、九月三日に両者の間で休戦協定が結ばれた。

しかし、イタリア側の目論見とは裏腹に、この協定が同月八日に公表されたことで、国王やバドリオ政府は連合軍の占領下にあるイタリア半島南部のブリンディジに逃亡してしまう。それはイタリアの休戦を「裏切り」と捉えるドイツ軍の報復を避けるためであったが、ローマからの逃亡はイタリア国民に対する「裏切り」を意味した。宮廷はその報いを戦後に受けることになる。

イタリア社会共和国とホロコーストへの加担

連合軍のシチリア上陸から休戦協定の発表にいたるまでのあいだに、シチリアと南イタリアは連合軍によって占領されるにいたった。これに対し、ナポリから北の地域は、連合軍の北上に備えて配備を整えつつあったドイツ軍の占領を被った。ここにイタリアは一年あまりにわたり、南北に分断されることとなった。

ドイツ軍は軟禁されていたムッソリーニを救出し、北イタリアに連行した。ムッソリーニはガルダ湖畔にあるサロという町で新政権を作ることになる。その名もイタリア社会共和国（RSI）、通称サロ共和国である。

ここでムッソリーニは、ファシズムの原点に立ち返った理念のもとに、興味深い政策を打ち出している。民間企業を公営化し、経営に労働者を参加させることや、王政の廃止、信教の自由などである。その一方で、彼は自らを解任に追い込んだ国民ファシスト党の幹部たちの処刑を断行し、党直属の武装組織である「黒色旅団」は市民に対する暴力を日常的に行使していた。

しかし、イタリア社会共和国は、紛れもなくドイツの傀儡国家であった。そのため、ドイツ軍に対する全面的な協力を求められていた。戦争遂行の過程で労働力不足に陥ったドイツ軍のために、イタリア人労働者をドイツ本国や軍占領地に送ったことはその代表的な事例の一つであるが、最も重大なことはホロコーストへの加担である。

他のドイツ軍支配下の地域と同様に、イタリア社会共和国領内からは多くのユダヤ人が絶滅収容所に送られ、ファシストたちもドイツ軍を支援して移送作業に加担した。また、一九四四年四月にはトリエステ郊外のサンサッバに、小規模ながら絶滅収容所が設立されている。

こうして、全体で八〇〇〇人ほどのユダヤ人が北イタリアからヨーロッパ各地の絶滅収容所に送られ、そこから生還したのは一〇〇〇人足らずであった。その数少ない生還者の一人がプリーモ・レーヴィ（一九一九―八七）であり、彼の『これが人間か』（一九四七年。邦訳『アウシュヴィッツは終わらない』）をはじめとする作品の数々は、絶滅収容所での壮絶な体験を伝えている。イタリア社会共和国はホロコーストへの加担により、決して拭うことのできない悪名を身にまとい続けている。

レジスタンスの開始

一九四三年以降のイタリア北中部では、ドイツ軍・ファシストによる支配に対して、自ら武器をとって抵抗しようとする動きが急速に高まった。レジスタンスの運動である。

ファシズムによる独裁体制が構築されるなかで、反ファシズムの運動はその大半が亡命者たちによってフランスを中心とする外国で展開された。一九二九年にはパリで、カルロ・ロッセッリらにより急進的な自由主義の理念に基づく「正義と自由」が創設され、知識人を中心に支持を集めた。のちにロッセッリらが亡命先で暗殺されたことは、ファシズム政権がいかに彼らの存在を脅威に感じていたかを示している。

とはいえ、亡命先で活動するだけでは、イタリア国内に影響力を行使できないことは明らかであった。共産党による地下活動を例外として、国内における反ファシズムの活動は低調な状態であった。

けれども、エチオピア戦争後の経済の低迷と、とりわけ第二次世界大戦勃発後の危機的な食糧事情と戦局の悪化は、ファシズム政権に対する人々の不満を一挙に高めた。不満の高まりは休戦協定の発表によって決定的なものとなる。

休戦協定発表から間もなく、共産党、社会党、かつての人民党を母体とするキリスト教民主党、保守的な自由主義者からなる自由党、そして「正義と自由」に集った人々によって結成された行動党の五党派から成る、国民解放委員会（CLN）が結成された。彼らは政体問題、すなわち王政を存続させるか否かといったイタリアの将来像をめぐる諸問題を討議しつつ、ドイツ軍・ファシストによるイタリア北中部の支配からの解放という眼前の目標実現のための活動を展開した。

9-4　レジスタンス（女性パルチザン）

こうしたなかで、実際に武器を手にとり、連合軍と共に武力闘争を行う人々、すなわちパルチザンの活動が、イタリア北部を中心に活発化していく。パルチザンの部隊は、共産党系の「ガリバルディ旅団」、行動党系の

「正義と自由」、社会党系の「マッテオッティ旅団」、キリスト教民主党系の「緑の炎」など党派別に編成され、そのなかで「ガリバルディ旅団」が最大の勢力を誇った。パルチザン部隊には全体で一〇万人前後の人々が参加したとされ、女性の参加者も多く存在した。彼らが主に従事したのは山岳地帯におけるゲリラ戦であった。

連合軍とパルチザンによる軍事作戦によって、ドイツ軍・ファシストの支配地域は北方に向かって徐々に縮小していった。一九四三年九月にナポリが解放され、一九四四年六月にローマ、同年八月にフィレンツェが解放されたのち、状況は一時膠着する。

しかし、ヨーロッパ全域でドイツ軍が劣勢になるなかで、ついに一九四五年四月、北イタリアでパルチザンの一斉蜂起が決行される。四月二五日にミラノが解放され、ムッソリーニは人民裁判の結果、処刑された。この日はのちに、「解放記念日」として国民の祝日に制定されることになる。

「レジスタンス神話」をめぐって

戦後に成立したイタリア共和国は、自らをレジスタンスによって生まれたと認識した。すなわち、戦後の自由主義や民主主義はレジスタンスを通じて自ら勝ち取ったものである、という認識が支配的となったのである。後述するように、戦後に成立した第一共和政を支えたのは、国民解放委員会に集う諸党派であった。

だが、冷戦体制が崩壊し、第一共和政を支えた諸党派が形を変えたり、消滅したりしていくうちに、こうした認識は「神話」に過ぎないという批判が登場するようになった。レジスタンスに参加したのはイタリア人のうちのごく少数に過ぎず、大多数のイタリア人はファシズムに対して合意を与えていたというのである。

確かに、参加者の数だけを見れば、武器を手にとった人は少数であった。しかし、たとえレジスタンスが過大に評価されてきたとしても、それが新たな政治体制、新たな時代を作るうえで重要な役割を果たしたことは否定できない。近年の研究では、イタリア人がファシストとパルチザンに分かれて戦ったという意味で、大戦末期の状況は一種の「内戦」であったと指摘されているが、まさにイタリア人同士が血を流し合ったという点で、この時期のイタリアはドイツや日本と大きく異なる歴史を経験したのであり、そのことの重みは理解すべきであろう。

第 *10* 講
イタリア共和国
20 世紀後半〜現在

ミラノ・カトリック大学で演説する「学生運動」のリーダー，マリオ・カパンナ(1968 年 2 月)

1945	デ＝ガスペリ政権成立
1946	政体を決める国民投票と制憲議会選挙
1950	南部開発公庫設立
1958	ヨーロッパ経済共同体発足
1963	中道左派政権成立
1967	大学占拠の動きが広がる
1969	労働者による異議申し立ての運動が広がる(「熱い秋」)
1970	労働者憲章制定，離婚法成立
1973	イタリア共産党書記長ベルリングェル，「歴史的妥協」を提唱
1978	モーロ事件
1983	イタリア社会党のクラクシが首相に就任(〜1987)
1989	ベルリンの壁崩壊
1991	共産党主流派が左翼民主党結成
1992	ヨーロッパ連合発足
	全国規模で汚職が摘発される(「タンジェントーポリ」)
	マフィア裁判を担当するファルコーネ判事，ボルセッリーノ判事が相次いで暗殺される
1994	総選挙実施，中道右派のベルルスコーニ政権誕生
1996	総選挙実施，中道左派のプローディ政権発足
1999	共通通貨ユーロ導入
2002	移民流入を制限する移民対策法(ボッシ＝フィーニ法)制定

「遠い先だろうけど、いつか故郷に帰りたい。俺が帰れなければ、兄弟の誰かが故郷に帰ってほしい。俺たちの故郷はオリーブの国だ。月の美しい国、そして虹の国だ。覚えているか。家を建て始めるとき、大工の親方が最初に通った人の影に石を投げる。いけにえの代わりだ。家の基礎を固めるために」

――ルキノ・ヴィスコンティ監督『若者のすべて』
（一九六〇年。ロッコの台詞）

1　共和政の成立と戦後再建

挙国一致内閣と南部の占領体制

一九四四年六月にローマが解放されると、バドリオに代わり、ファシズム政権成立直前に首相を務めた経験を持つ国民解放委員会委員長のイヴァノエ・ボノーミが首相となった。共産党、社会党、行動党、キリスト教民主党、自由党などから構成される国民解放委員会が主導する挙国一致内閣である。

保守的な立場を崩さなかったボノーミに対して、共産党は党創立メンバーで亡命先のモスクワから帰還したパルミーロ・トリアッティの指導のもとに、イタリア解放を最優先する方針を打ち出し、政党間の対立を最小限にする態度をとった。より急進的な姿勢を明確にしていたのはむしろ社会党や行動党であり、彼らは王政の即時停止やファシストの公職追放などを主張していた。

この間、イタリア南部では英米を中心とする連合軍による占領が行われていた。英米とソ連とが戦後の世界秩序の構築に向けて駆け引きを繰り広げる状況のなかで、この占領体制はイタリアが英米、とりわけアメリカの影響下に置かれることを意味した。イタリアは移民の往来を通じて一九世紀以来、アメリカと密接な関係にあったが、その存在感は以前とは比べようもなく巨大なものとなっていた。

連合軍の占領により、イタリア南部はレジスタンスを経験した北中部と異なる歴史を歩むことになった。国民解放委員会に集った諸党派は、この地域で大衆的な基盤を築くことができず、王党派や地域主義政党が力を持った。

とりわけ、シチリアでは保守勢力を中心とするイタリアからの分離独立運動が台頭した。また、農民運動・共産主義運動の台頭を恐れるアメリカは、運動を弾圧するためにアメリカとシチリアのマフィア・ネットワークを利用した。その結果、ファシズム期に厳しい弾圧を受けて瀕死の状況にあったシチリアのマフィア勢力は、復活を遂げていく。他方で、土地占拠などを通じてイタリア南部に芽生えつつあった農民の急進的な運動は、成熟する前に摘み取られていくことになる。

共和政の成立

一九四五年四月末の北イタリア解放から間もなく、六月に行動党のフェルッチョ・パッリを首相とする政府が成立した。急進的な改革を主張するパッリの首相就任は、政界がレジスタンスの余韻の中にあったことの証であった。しかし、共産党が自己の本来の主張よりも他の党派との融和を優先したこともあり、パッリ政権はたちまち行き詰まり崩壊した。後任として一二月に首相に就任したのが、キリスト教民主党のアルチーデ・デ＝ガスペリである。

10-1　アルチーデ・デ＝ガスペリ

デ＝ガスペリ（一八八一―一九五四）はかつて下院議員や人民党書記長を務めたが、反ファシズムの容疑で逮捕され、その後ヴァチカン図書館の職員という身分でファシズム期を過ごしたのち、レジスタンスに身を投じた経歴を持つ。イタリアが統一されてから初めて、カトリック組織を基盤とする人物が首相となったのである。彼はこのあと一九五三年まで首相の座にとどまり、イタリアの戦後再建を推進していく。

一九四六年六月二日、王政維持か共和政かを選択する国民投票と制憲議会選挙が、国政選挙として初めて女性にも選挙権が認められるなかで、同時に行われた。国民投票は、五四％対四六％で共和政選択が多数を占めた。

北中部では共和政支持が圧倒的多数を占めたのに対して、南部では王政維持が優勢であった。統一直後に「外来の王」の到来を拒絶して大規模な民衆反乱を起こした南イタリアは、一世紀近くの時を経てサヴォイア家に一定の支持を与えるようになっていたのである。レジスタンス経験の有無も、王家に対する認識に大きな影響を与えていた。国民投票の結果を受けて、国王一家は亡命の道を余儀なくされた。

制憲議会選挙では、総議席五五六のうち、キリスト教民主党が二〇七議席（全体の三七％）、社会党が一一五議席（二一％）、共産党が一〇四議席（一九％）をそれぞれ獲得し、この三党で全体の四分の三を占めた。レジスタンスで重要な役割を果たした行動党は、ほとんど議席を獲得することができず、選挙後に消滅した。この選挙結果を受けて成立した第二次デ＝ガスペリ内閣は、三大政党を中心に構成された。

翌一九四七年一二月、イタリア共和国憲法が成立する。制憲議会ではキリスト教民主党と共産党が議論をリードし、新憲法は両党の主張を巧みに混交させたものになった。イタリアは「労働に基礎を置く民主共和国」であると規定する第一条は、その象徴である。

キリスト教民主党の強い主張に基づき、ラテラーノ協定が憲法に挿入された。また、地方分権の理念のもとに五つの特別州を含む二〇の州が設置された。さらに、ファシズム期の独裁に対する反省から、権力の分散を図るための統治機構が整備された。新生イタリア共和国がここに船出することとなった。

冷戦と左右対立の激化

国内で憲法制定に向けた作業が続くなか、国際的には冷戦が深まっていた。イタリアはチャーチルの言う「鉄のカーテン」に接する場所に位置していた。デ＝ガスペリは一九四七年一月に訪米し、トルーマン大統領から経済支援と引き換えに反共路線を敷くように促される。二月にはパリ講和条約が調印され、植民地の放棄およびユーゴスラヴィアとの国境問題の一定の合意（イストリア半島のユーゴへの返還など）が定められたことで、イタリアは国際社会への復帰を果たした。

続く五月、デ＝ガスペリは社会党と共産党を排除した新しい内閣を組織し、さらにアメリカによる欧州復興援助計画、いわゆるマーシャル・プランの受け入れを表明した。翌一九四八年四月に行われた共和国第一回総選挙で、キリスト教民主党は下院での得票数こそ過半数に達しなかったものの、議席数で過半数を確保する勝利を収めた。こうして、国際的には西側世界への帰属、国内ではキリスト教民主党を中心とする連立政権という、戦後のイタリアを長く規定する枠組みが確立することになった。

その後、一九五〇年代を通じて、キリスト教民主党所属の議員が首相となった。ただ、同党は得票数において一度も過半数を制したことはなく、議席数も一九四八年の第一回総選挙を上回ることはできなかった。そのため、同党は自由党、共和党、社会党から分離した勤労者社会党(のち社会民主党)といった小規模政党と連立することで、政権の維持を図った。他方で、共産党は議席数で社会党を上回るようになり、二大政党のあいだで埋没することを恐れた社会党は、次第に共産党と距離を置くようになっていく。

2 「経済の奇跡」と中道左派政権の成立

「経済の奇跡」と消費社会の出現

一九五〇年代末から一九六〇年代にかけては世界経済の好況期にあたり、国際的な貿易取引額が急増した時期であった。西側世界では関税障壁が撤廃ないし縮小され、製品輸出の環境が整備された。イタリアにとっては、マーシャル・プランの受け入れによりアメリカの工作機械と生産のノウハウが流入したことや、ヨーロッパ経済共同体(EEC)の設立でヨーロッパ共通市場の基礎ができつつあったことなど、有利な状況が存在していた。

こうした状況を背景として、とりわけ一九五〇年代後半から一九六〇年代前半にかけての一〇年あまり、イタリアは年平均六%を超える経済成長率を記録した。「ブーム」あるいは「経済の奇跡」と呼ばれる高度経済成長の時代が到来したのである。

この高度経済成長を支えた一つの大きな要因が、豊富な労働力と安価な労働コストであった。これに加え、ファシズム期に創設された産業復興機構（ＩＲＩ）が製鉄業を中心に集中的な投資を行い、戦後に新たに創設された全国炭化水素公社（ＥＮＩ）が国内のメタンガスなどの資源開発や石油の円滑な輸入に尽力したことが、製造業の成長を促した。冷蔵庫や洗濯機といった白物家電や自動車、タイプライターなどが主要輸出品となった。たとえば冷蔵庫は一九六〇年代にアメリカ・日本に次いで世界第三位の生産高を誇った。

経済成長は、産業別の就業人口にも大きな変化をもたらした。一九六一年の国勢調査では、第二次産業（鉱工業）従事者の占める割合が三八％に達し、イタリア統一後、初めて第一次産業（農林水産業）従事者を上回った。重化学工業の中心は二〇世紀初頭と同様にミラノ、トリノ、ジェノヴァを結ぶ「工業三角地帯」にあったが、戦後に石油コンビナートが建設されたヴェネツィアやラヴェンナなど、これまで重化学工業とは無縁であったアドリア海側の地域が新たに加わった。

高度経済成長は、消費社会の誕生をイタリアにもたらした。所得水準は一九五〇年から一九七〇年までの二〇年間で二三〇％上昇し、一人当たりの所得はフランスの六〇％、イギリスの八二％の水準に到達した。英仏にはいまだに及ばないとはいえ、背中が見えるところまで追いついてきたのである。所得の上昇を受けて消費支出も増大し、とくに北中部ではその傾向が著しかった。一九六五年には全世帯の四九%がテレビを所有するにいたっている。

消費支出の増大とともに、人々の生活にも変化が現れた。週末の映画鑑賞は生活の一部となり、ファシズム期にローマに作られた大規模な映画撮影所チネチッタはイタリア映画の殿堂となった。戦後まもなく登場したネオ・レアリズモを代表するロベルト・ロッセリーニやヴィットーリオ・デ゠シーカといった映画監督を輩出し、その後も、ルキノ・ヴィスコンティ、フェデリコ・フェリーニなど、映画史上に名を残す世界的な映画監督がここを本拠に映画を製作した。

また、夏のヴァカンスに遠方に出かける習慣が定着するのもこの時期である。所得の上昇は女性就業者の減少と「専業主婦化」をもたらし、それとともに女性向けの雑誌の発行も相次いだ。さらに、夕刻のミサの出席率が低下するなど教会離れが進行し、人々の世俗化の傾向が顕著となっていくのである。

南北格差の拡大と南部振興

急激な経済成長は、多くの負の側面も抱えていた。輸出向けの産品に対する投資が優先されたために、公共財に対する投資は不十分であった。学校や病院、住宅や公共交通は貧弱なままであった。また、成長著しい重化学工業に比べ、繊維産業や食品工業といった伝統的な工業部門では技術革新がなかなか進まなかった。

けれども、何より大きな問題は、既に存在していた地域間格差がいっそう拡大したことである。工業化から取り残されたイタリア南部をいかに発展させるか。これが政府にとって喫緊の課題として浮上することになる。

南部に対する政府の対応は、終戦直後の一九四六年に南部工業化促進協会（SVIMEZ ズヴィメッ）を設立したことに始まる。一九五〇年には南部開発公庫が設立され、南部に対する財政投資が本格化する。統一後初めて、国家が南部開発のために直接的に介入する体制が作られることになったのである。一九六〇年代以降、南部では大規模な公共事業が行われ、道路や橋、港湾などインフラストラクチャー整備が進んだ。また、南部の工業化を実現するために、プーリア州ターラントに製鉄所、バジリカータ州メルフィにフィアットの自動車工場、シチリアのジェーラに石油精製所が相次いで作られていった。

こうした財政投資や工業化促進事業が一定の成果を収めたことは認めなければならない。南部の諸都市は近代的な相貌を呈するようになり、都市間を結ぶ交通網も整備された。南部にも消費社会の波が確実に押し寄せるようになった。

だが、一連の事業が所与の目的を十分に達成したとは言えなかった。硬直した官僚制やマフィアなどの犯罪組織による中間搾取により、完成に至らない公共事業が続出した。過剰な公共投資は、公共事業に依存する体質を南部の社会に形成していった。輸出市場であるアルプス以北のヨーロッパ諸国から遠く離れた場所に作られた工場は生産と輸送のコストがかさみ、周辺地域に波及的な効果をもたらすこともなく孤立した。そのため、こうした工場はのちに「砂漠のカテドラル」と揶揄されることになる。一九八〇年代に入ると、それまでの一連の南部政策が機能不全に陥っていることが明らかとなっていった。

それでも南イタリアの人々は、日々の営みを紡いでいく必要に迫られていた。彼らの多くが選択した手段は他の地域に働きに行くこと、すなわち移民である。自由主義期への先祖返りである。

10-2 スイスに向かう列車を待つイタリア人移民(1960年代)

ただ、第一次世界大戦前の南イタリアからの移民とは、いくつかの点で大きな違いがあった。まずは目的地である。かつてはほとんどの人々が南北アメリカに渡ったが、戦後の南イタリアの移民は西ドイツ、スイス、フランスなどヨーロッパ諸国に向かうようになった。もう一つの目的地は、工業三角地帯を中心としたイタリアの北中部である。これほど大規模な国内移動の波が生まれたのは、統一以後、初めてのことであった。

また、かつては帰郷を前提とした出稼ぎ的な移民が主流を占めていたが、とりわけ国内移動の場合は移民先に定住する人々が増加した。そのために、南イタリアは人口が急減し、過疎化が進行することとなった。その一方で、それまで北中部の人々には馴染みの薄かったピザをはじめとする南部の食文化が、移民を通じてイタリア全土に浸透することになった。

人口の大規模な国内移動は、北中部の人々の南部出身者に対する差別意識を助長する一方で、「国民文化」の形成を促進する結果ももたらしたのである。

中道左派政権の成立

一九五〇年代を通じて、キリスト教民主党を中心とする連立政権は安定した多数派を確保することができず、しばしば右翼政党である「イタリア社会運動」の閣外協力を受けることになった。

イタリア社会運動は大戦末期のイタリア社会共和国（サロ共和国）で幹部を務めたファシストが中心になって結成された政党で、レジスタンスに結集した諸政党が形成したイタリア共和国の議会では、本来は交渉の対象にすべきではないとみなされていた集団であった。彼らが閣外協力を行うたびに、共産党や社会党は強い懸念を示し、議会内の緊張がいっそう高まるという事態を招いていた。

こうした状況のなかで、キリスト教民主党の内部では、共産党と距離をとり始めた社会党を政権内に取り込み、より安定した政権を作るべきであると主張する党内左派の力が強まっていった。一九六三年一二月には党内左派の有力者アルド・モーロを首相とする、キリスト教民主党、社会党、社会民主党、共和党の四党から構成される中道左派政権が誕生した。この中道左派という政権の枠組みは、このあとさまざまな紆余曲折を経ながらも、冷戦体制が崩壊する時まで持続することになる。

10-3　アルド・モーロ

政党支配体制の成立

政党は共和政下のイタリア政治において、特異とも言えるほど重要な役割を果たすことになった。戦後再建の過程で、官僚機構や産業界の経営者団体はファシズムの影響力が強かったために主体的な役割を担うことができず、政党以外に再建を担う勢力が不在であったことが大きく作用していた。そのなかで、キリスト教民主党と共産党はとりわけ強大な組織力を保持していた。

キリスト教民主党は、ラテラーノ協定によってファシズム体制下でも活動が許容されたカトリック団体を大きな支持基盤としていた。戦後の早い段階では、ヴァチカンと密接な関係を持つ人々や名望家、旧中間層の出身者が党内で有力な地位を占めたが、次第にカトリック系労働組合（勤労者組合連盟ＣＩＳＬ）やカトリック系労働者の親睦団体（イタリア・カトリック勤労者同盟ACLI)といった大衆組織出身の党内左派の人々が指導的な立場に就くようになっていった。

その結果、同党は「包括政党」としてきわめて広範な支持基盤を持つようになるが、なかでもカトリック大衆組織の活動が活発であった北東部の「白い地帯」(ロンバルディア州東部やヴェネト州など)や、名望家支配が残存する南部を重要な票田とし、また男性に比べて敬虔な信仰を持つ人が多いとされる女性の支持を多く集めていた。

これに対し、共産党は、ソ連の影響力を徐々に払拭し、先進国における社会主義革命の道という党創立者グラムシの命題を受け継ぐことで、議会主義に基づく政党として西側陣営の中で生き抜く術を身につけていった。

また、組織的には、同党はレジスタンス期に形成した地域単位の組織を着実に成長させることに成功していた。イタリア最大の労働組合であるイタリア労働総連合(CGIL)の大半を支配下に置き、さらに生活協同組合や「人民の家」と呼ばれる市町村単位の生活支援・社交組織のネットワークを最大限に活用したのである。こうしたネットワークが最も根付いた中部イタリアの諸州(エミリア・ロマーニャ、トスカーナ、ウンブリア)は「赤い地帯」と呼ばれ、共産党の牙城となった。

キリスト教民主党と共産党がそれぞれ強固な組織に支えられるようになると、有権者に占める「無党派層」の比率は次第に低下していくことになる。完全比例代表制という選挙制度とあいまって、選挙ごとに各政党が獲得する票の変動は小さいものになっていく。キリスト教民主党が過半数を獲得できないながらも最大政党となり、共産党がそれに次ぐという状況が固定されていくのである。

こうしたなかで、政党の力関係に応じて、閣僚や行政幹部のポストの分配、公共事業の割り振りや、果ては病院のベッドの数にいたるまで、政党間で利権が分配される構造が醸成されていく。「政党支配体制（パルティートクラツィア）」と呼ばれる事態である。この体制には、キリスト教民主党や共産党（中央政府の閣僚ポストの分配には参加しないが、州や市町村レベルでは加担している）だけでなく、社会党をはじめとする他の政党も加わっていった。

政党が利権分配のプレーヤーと化していく一方で、戦後イタリアの政治文化では、政治家、とりわけ首相を経験するような有力政治家には高い知性と教養が求められていた。実際、戦後の歴代首相には大学教授を兼職した政治家が多い。もっとも、知性や教養の高さは、政治家としての能力の高さや倫理的な高潔さを保証するものではなかったのであるが。

3 「熱い秋」と「鉛の時代」

一九六六年一月、新設されて間もないトレント大学で学生による大学占拠が起きると、その動きは翌年にはミラノ・カトリック大学やトリノ大学にも及んだ。一九六八年にミラノ大学の学生を中心に、その名も「学生運動」という全国組織が設立され、学生による大学占拠の運動はイタリア全土に波及した。

社会運動の高まりと「熱い秋」

一九六八年を中心に、フランス、アメリカ、日本など先進国では学生による異議申し立ての運動が活発化したが、イタリアも例外ではなかった。第二次世界大戦直後に誕生したベビーブームの世代が塊(「団塊」)となって大学に進学するようになったまさにこの時に、学生は大学に対して、そして社会に対して異議申し立ての声を上げたのである。当初は大学組織に対する抗議活動であったものが、次第に国家に対する抗議や家族秩序といった社会的領域に対する異議申し立てに拡大することによって、この時代の学生運動は文化革命の様相を呈するようになっていく。

イタリアの場合に特徴的であったのは、学生を中心とする政治活動が労働運動にも多大な影響を与えたという点である。一九六九年九月にトリノのフィアット社ミラフィオーリ工場で労働者の工場占拠が起きたことを皮切りに、さまざまな工場で異議申し立ての動きが生まれた。「熱い秋」と呼ばれた運動の高揚である。労働者たちは、賃金格差の撤廃や労働時間の短縮、劣悪な労働環境の是正といった要求に加え、生産ラインの自主管理なども主張し、運動は急進化していった。
こうした状況のもとで、これまで労働運動をリードしてきた共産党の理念や指導方針に対する異論が左翼陣営のなかから台頭してきた。一九六九年に雑誌として創刊され、のちに日刊紙となった『イル・マニフェスト』は、そうした論調を代表する新聞であった。また、労働者主義、すなわち、労働者の自発的な活動により、既存の労働組合の外に新たな運動体の形成を目指すという理念に基づき、「労働者権力(ポテーレ・オペライオ)」や「継続闘争(ロッタ・コンティーヌア)」といった政治組織が生まれたが、そうした組織はのちに分派を繰り返し、一部の勢力は過激化・暴力化していくことになった。

社会改革の推進と「歴史的妥協」

学生運動や労働運動の高まりを受けて、一九七〇年には国政においてさまざまな改革が行われた。労働者憲章が制定され、労働者の権利や自由の保障と労働組合の権限の強化が盛り込まれた。また、共和国憲法で導入されながらも実体を伴わなかった州制度が、本格的に運用されるようになった。さらに、キリスト教民主党の強い反対を押し切って離婚法が制定され、ついにイタリアで離婚が法的制度として認められることになったのである。

こうした状況を受けて、共産党は選挙において着実に得票を増やしていく。州制度の本格運用とともに行われた初の州議会選挙では、中部イタリアを中心に五つの州で社共連合政府が誕生した。一九七六年の総選挙では、共産党の得票数がキリスト教民主党のそれに肉薄する水準にまで上昇した。

しかし、共産党に対する支持の増大とは裏腹に、共産党内部では、党の政権獲得の可能性に対する悲観的な見方が存在していた。南米チリで選挙によって成立したアジェンデ社共政権が、一九七三年にアメリカの支援を受けた軍部のクーデタによって崩壊したことが、そうした見方の背後にあった。

そこで、同年、共産党書記長エンリーコ・ベルリングェルは、「歴史的妥協」の名のもとに、キリスト教民主党との提携を強化することで政権参加の道を模索する新たな路線を提唱した。親米勢力との協調により、アメリカの介入を阻止しようとしたのである。「歴史的妥協」の提唱により、共産党の政権参加は現実味を増すことになったが、それは共産党や社会主義を嫌う右翼勢力を刺激すると同時に、共産党の穏健化を批判する非共産党系左翼のいっそうの急進化をもたらすことになった。

「緊張の戦略」と「鉛の時代」

戦後初期のイタリアにおいて政治的右翼を代表していた政党は、イタリア社会運動であった。だが、それが議会に議席を持つ政党として次第に穏健化・体制化するとともに、急進的な右翼のグループが登場するようになる。

彼らは「緊張の戦略」の名のもとに、社会不安を煽り立てることで、右翼勢力による独裁体制の構築を目指していた。一九七〇年には、クーデタ計画が発覚している。また、一九六九年に起きたミラノのフォンターナ広場銀行爆破事件を皮切りに、一九八〇年のボローニャ駅爆破事件(日本人も一人犠牲になった)まで、爆弾を用いたテロをたびたび実行した。

他方で、共産党の穏健化・体制化に不満を持つ左翼の急進派の中からも、共産党の非暴力主義に対抗し、暴力主義的な思想・運動論を展開する過激な集団が登場する。一九六九年に結成された「赤い旅団(ブリガーテ・ロッセ)」はその代表的な存在である。彼らは主に、政治家や高級官僚、裁判官、企業経営者など要人をターゲットとした狙撃テロや誘拐を行い、社会の動揺を狙った。

こうして、一九七〇年代のイタリアは左右両極の過激集団によるテロが相次ぎ、「鉛の時代」と評されるようになった。「鉛」とは、鉛色の持つ「暗さ」とテロに用いられた「銃弾」とを掛けた隠喩の言葉である。この鉛の時代を象徴する出来事が、モーロ事件であった。

一九七八年三月一六日、当時キリスト教民主党党首であったモーロが、ローマ市内で誘拐された。「赤い旅団」が犯行声明を出し、政府との交渉を要求したが、ジュリオ・アンドレオッティ首相はじめキリスト教民主党幹部は交渉を拒否した。状況が膠着するなかで、とうとう五月九日、モーロの遺体がローマ中心部に駐車してあった車の中から発見されたのである。何度も首相を経験した与党の有力政治家が誘拐の末に暗殺されるという、前代未聞の事件であった。

モーロはキリスト教民主党内で、共産党が提唱した「歴史的妥協」の最も積極的な推進者の一人であった。実際に、モーロの誘拐直後に発足した第四次アンドレオッティ内閣は、共産党の閣外協力のもとに成立していた。したがって、彼の誘拐の実行犯が「赤い旅団」であるとしても、その背後に「歴史的妥協」の実現を嫌う勢力が黒幕として存在している、あるいは協力していると推測するに足る十分な根拠があった。アメリカ、教皇庁、イタリアの保守派、マフィアなどの関与が疑われたが、実際に第三者が関与したとする証拠は見つかっていない。

今なおモーロ事件は戦後イタリア最大のミステリーであるが、それがイタリア政治にもたらした影響はきわめて明瞭であった。「歴史的妥協」路線はキリスト教民主党内における旗振り役を失ったことで挫折し、共産党は野党に戻った。一九七九年の総選挙で共産党は大惨敗を喫する。頻発するストライキに対して、当初は労働者の行動を支持していた世論が次第に批判的となり、一九六〇年代末から躍進を遂げてきた左翼、労働運動は後退の局面に入ることになる。

イタリア経済の回復とクラクシ時代

一九七三年のオイルショック以後、イタリア経済は低迷した。だが、一九八〇年代に入ると、一転して経済成長の時代を迎える。国内の消費市場が拡大したことに加え、「第三のイタリア」と呼ばれる地域経済が台頭したことが背景にあった。「第三のイタリア」とは、長らくイタリア経済を牽引した北西部の工業三角地帯と、それとは対照的に工業化の遅れた南部のいずれにも属さない、北東部と中部を主に指す。

こうした地域では、靴や家具などデザイン性が高い商品を職人的な熟練技術で仕上げる付加価値の高い工業製品が作られていた。この時期は日本を含む世界各地で、イタリアの食文化やモードが注目を集めており、そうしたトレンドにも適合する形で、「メイド・イン・イタリー」の産品が輸出拡大に貢献したのである。

一九八〇年代は、政治の面でも「鉛の時代」の重苦しい雰囲気を脱し、束の間の安定を得た時期であった。その立役者となったのが、社会党のベッティーノ・クラクシ(一九三四―二〇〇〇)である。彼は一九八三年から八七年まで、初の社会党出身の首相として政権を維持した。

キリスト教民主党と共産党という二大政党に挟まれたことで凋落を続け、政党としての独自性を長らく模索してきた社会党は、クラクシのもとで刷新された。ミラノ出身のクラクシは、キリスト教民主党が党是とするカトリック的な価値観とは距離をおく世俗主義の傾向を持ち、消費主義を肯定するという点で共産党とも距離をおく中間層こそが、社会党の新たなターゲットであると認識し、労働組合を主たる支持基盤としてきた旧来の社会党との決別を図った。そして、イタリア政治を支配する利益配分の手法に積極的に関与していったのである。

イタリアには、まだ配分するだけの余剰利益が存在していた。冷戦体制が崩壊する直前の、最後の享楽の時代であった。

4　冷戦体制の崩壊と第二共和政の時代

ヨーロッパ統合とイタリア

第二次世界大戦後、ヨーロッパ統合に向けた動きが進展するが、この過程でイタリアは最も重要とは言えないまでも、不可欠な役割を果たすことになった。

ヨーロッパ統合という理念の歴史的起源はいくつか存在するが、ファシズム期に政治犯として流刑に処されていたアルティエーロ・スピネッリ(一九〇七―八六)が唱えたヨーロッパ連邦の構想(「ヴェントテーネ宣言」)もその一つに数えられている。彼は「ヨーロッパ統合の父祖」の一人とみなされている。

戦後まもなく、イタリア政府は財政負担が過重となることを警戒して統合に慎重な姿勢を示していたが、移民の送り出しや南部振興のために次第に積極姿勢に転じていく。一九五五年にはシチリアのメッシーナで六カ国(伊仏独とベネルクス三国)外相の会談を成功させ、一九五七年に締結されたローマ条約でこの六カ国からなるヨーロッパ経済共同体の成立に導いた。

当初、キリスト教民主党が統合に積極的であったのに対し、社会党と共産党は統合を西側陣営の強化であるとみなして反対する立場をとっていた。だが、一九五六年のハンガリー動乱などを契機として、社会党は統合積極策に転換し、また共産党も歴史的妥協の提唱などを通して、統合支持の立場に次第に転じていった。こうして、国内的には統合支持の立場が圧倒的多数を占めるようになったのである。

一九八四年には、欧州議会議員であったスピネッリが「ヨーロッパ連合」の結成を提唱した。この試みは時期尚早で失敗に終わるが、一九九二年にはマーストリヒト条約が締結され、ヨーロッパ連合（EU）が発足した。

その後イタリアは、一九九五年に実質的に発足した域内の自由な人間の移動を認めるシェンゲン協定や、一九九九年に発足した共通通貨ユーロに加盟していく。ユーロ参加に際しては、財政赤字の削減を求められるなど一定の犠牲を払う局面があったものの、ヨーロッパ連合の一員として統合の恩恵を享受することになった。

冷戦体制の崩壊

一九八九年一一月、東西冷戦の象徴であったベルリンの壁が崩壊し、それに続いて東欧の社会主義体制が次々に瓦解していった。それは、キリスト教民主党を中心とした政権与党に最大野党の共産党が対峙するという、戦後のイタリア政治の枠組みを解体させるとともに、その正統性を保証していたレジスタンス神話そのものの終焉をもたらすものであった。

もっとも、イタリア政治の変容の兆しは、すでに一九八〇年代後半に現れていた。地域主義政党である「ロンバルディア同盟」（明らかに中世の歴史を意識していた）が、地方選挙で党勢を拡大し、キリスト教民主党の金城湯池であったイタリア北東部の票田を崩し始めていた。彼らはローマの中央政府と外国人労働者、そして南イタリア出身者を目の敵にし、政治の決定権を自らの地域に取り戻す必要を訴えていた。

また、共産党は一九八〇年代を通じて党勢が退潮したことを受けて、党名の変更を検討し始めていた。それは少なくとも当事者たちにとっては、決して敗北主義的な発想に基づくものではなく、新たな時代に向けた積極的なチャレンジの意味合いを持っていたが、現存の社会主義国家がもはや理想とかけ離れたものになってしまったという認識を反映していたことは確かである。一九九一年、共産党の主流派は左翼民主党を結成した。

一九九二年二月、ミラノの特別養護老人ホーム理事長が収賄で逮捕された。イタリアでは日常的な光景と思われていたこの事件が、全国規模の汚職摘発へと発展する。「タンジェントーポリ(汚職まみれ)」と呼ばれる事態の発生である。二年あまりにわたる摘発で、国会議員の実に七割が捜査対象となった。その一人であったクラクシはチュニジアに実質的に亡命し、その後、没するまで当地にとどまることになった。

この事件と前後して、政治のあり方を刷新するために、選挙制度の抜本的な改革を求める運動が起きていた。イタリアのように主要政党が堅い支持基盤を持つ国において、従来の比例代表制では政権交代が起こりにくいというのが、その主たる主張であった。一九九三年の国民投票で選挙制度の改革が支持されたこともあり、結局、比例代表を一部残しながら、議席の四分の三を小選挙区で選ぶ選挙制度が採択されることになった。この選挙制度のもとで、イタリア政治はそれまでと全く異なる相貌を見せることになる。

ベルリンの壁が崩壊した前後の時期は、シチリア・マフィアをめぐる情勢が最も深刻化した時期にあたる。

マフィア問題

ファシズム期の弾圧から戦後に復活を遂げたマフィア組織は、戦後の南部振興策による資金流入を背景に建設業に進出し、成長を遂げた。活動地域もかつてはシチリア島の西部に限定されていたが、東部にも拡大し、さらに移民の流れに乗って北イタリアやヨーロッパ諸国に広がっていった。その後、麻薬取引の利権をめぐって、一九六〇年代と一九七〇年代の二回にわたり、「マフィア戦争」と呼ばれる激しい内部抗争を繰り広げた。

マフィアによる非合法活動や内部抗争の激化を受けて、政府は「反マフィア委員会」を立ち上げた。さらに一九八二年には反マフィア法を制定し、「マフィア的犯罪組織」という概念を導入して、ナポリのカモッラやカラブリアのンドランゲタといった犯罪組織をこの概念のもとに統合することで、組織犯罪に対する取り締まりを強化した。一九八六年からは、パレルモでマフィア大裁判と呼ばれる一連の裁判が行われ、七〇〇人以上が有罪判決を受けた。

これに対し、シチリアのマフィア組織は、一九八〇年代以降、政治家や裁判官、ジャーナリストなどを標的としたテロ行為を行い、取り締まりに対する露骨な威嚇を行った。そうした暗殺行為の極みが、一九九二年に相次いで起きた、マフィア裁判を担当するジョヴァンニ・ファルコーネ判事とパオロ・ボルセッリーノ判事の殺害である。二人の暗殺は、マフィア組織が国家に全面的な対決を挑んだことを意味した。

あまりに露骨で凶暴な威嚇行為に対し、国民の嫌悪感は高まり、反マフィアの論調が高揚した。その結果、マフィア組織は国家権力を攻撃する戦術をやめ、シチリアにおけるマフィアの活動は表向き沈静化した。しかし、彼らは活動の拠点をミラノやローマに移し、事業を産業廃棄物の処理（「エコマフィア」）や移民の周旋などに変えながら、今なおイタリア社会の中で棲息している。

10-4　二人の判事，ファルコーネ（左）とボルセッリーノ（右）

ベルルスコーニ時代

一九九四年三月、新選挙法による上下院の選挙が行われた。中道右派と中道左派、そして中道連合による三つ巴の選挙戦であった。

中道右派は、ミラノの実業家シルヴィオ・ベルルスコーニ（一九三六―）が率いる新政党「がんばれイタリア（フォルツァ・イタリア）」を軸に、イタリア社会運動から名称変更した国民同盟、ロンバルディア同盟から発展した北部同盟の三つの政党から主に構成された。中道左派は左翼民主党と共産党の急進派が結成した共産主義再建党、緑の党などから構成された。中道連合はキリスト教民主党が名称変更した人民党を中心としていた。

選挙の結果は中道右派が勝利し、小選挙区で惨敗した中道連合は選挙後に消滅した。勝利したベルルスコーニが首相の座に就いた。二〇年近くに及ぶベルルスコーニ時代の幕開けである。ベルルスコーニは、ミラノ郊外の住宅開発で財を成し、テレビ局や雑誌、広告代理店を傘下に収める一大企業グループを築き上げた立志伝中の人物である。名門サッカークラブであるACミランのオーナーとして国民の間での知名度は高かったが、政治家の経験はなく、しかも民放の有力テレビ局三局を独占的に経営しているために、彼が政界に進出することには批判も強かった。彼はもともとクラクシの盟友であり、クラクシが失脚したために自ら政治家になることを決意したのである。

その経歴にうかがえるように、享楽的・消費主義的な生活を好む人物であったが、中道右派を束ねるために政治家として敬虔なカトリックであることを演出し、また旧共産党の諸党派に対する敵意をむき出しにしにしていた。

第一次ベルルスコーニ内閣は自らのスキャンダルもあって直ちに崩壊したが、その後、二〇〇一年から〇六年(第二次、第三次)、二〇〇八年から一一年(第四次)までの間、首相としてイタリア政界に君臨した。ベルルスコーニ政権は、ユーロ導入後の好景気を背景に新自由主義的な政策を打ち出し、労働市場の規制緩和に着手したほか、移民の流入を厳しく規制する法律を制定した。だが、次第にバラマキ的な手法を採ることが多くなり、財政規律が緩んで財政の悪化をもたらすことになった。

それでも、ベルルスコーニは、地域に大幅な権限の委譲を求める北部同盟と国家権力の強大化を求める国民同盟という、正反対のベクトルを持つ二つの政党の要求を巧みにまとめる能力を発揮した。また、臆面もなく本音を語る姿勢は、かりにも知性という鎧を身にまとったそれまでの有力政治家の「気取った」態度とは大きく異なり、それを率直な物言いとして好意的に受け取る国民がそれなりに多かったことも事実である。

これに対し、中道左派は一九九六年から二〇〇一年、二〇〇六年から〇八年までの二度にわたり政権を担当したが、最初は共通通貨ユーロへの参加のため、二度目はベルルスコーニ政権の放漫財政の尻拭いのために、いずれも緊縮財政を余儀なくされ、国民の不評を買うことになった。また、旧共産党諸党派と旧キリスト教民主党左派などから構成される寄り合い所帯のため、内部での足の引っ張り合いも多く、中道右派以上に激しい権力闘争に明け暮れることになった。

二〇〇八年に起きたリーマン・ショックはギリシアの財政危機という事態を生み、その嵐はイタリアにも及ぶことになった。財政危機の深刻化とベルルスコーニの個人的スキャンダルが重なり、二〇一一年にベルルスコーニは退陣した。

その後、緊縮財政を至上命題とする非議員から構成される管理内閣が経済改革を進めるなか、すべての既成政党、すべての既成政治家を否定する「五つ星運動」という新しい政治勢力が突如出現する。二〇一三年に行われた総選挙は、中道右派、中道左派、五つ星運動の得票率がほぼ拮抗するという三すくみの結果をもたらした。経済の回復もままならず、イタリアはいまだに深い闇の中にある。

移民と難民

長らく移民の送り出し国であったイタリアは、二〇世紀末に移民の受け入れ国に転じた。出生率がきわめて低く、少子化が進行していたイタリアにとって、好況の時期に外国人の労働力が求められることは必定であった。

とりわけ二一世紀に入ってからの移民の流入は著しい。二〇〇一年に一三三万人であったイタリアの外国人人口は、二〇一八年一月時点で五一四万人を数えるにいたった。すでに二〇世紀末の時点で、イタリアにおける外国人は国籍がきわめて多様であったが、その傾向は今日いっそう顕著になった。

その中で近年増加が著しいのは、ルーマニア、ウクライナ、モルドヴァといった東欧諸国出身者である。こうした国々からの移民には女性が多いことが特徴的で、それは彼女たちが主として高齢者世帯の家事労働や介護労働に従事しているからである。かつて社会福祉、とりわけ高齢者介護を家族が担う規範が存在すると評されていたイタリアは、外国人の賃金労働者に介護を委ねる社会へと変貌を遂げたのである。

近年は、体制の崩壊したリビアなどから地中海を縦断してくる移民・難民が後を絶たない。いつ沈むともしれない古びた小船で渡海するため、途中で沈没して命を失う人々も数多い。命の危険を冒してでも船に乗らざるを得ない状況は悲劇そのものだが、彼らの多くにとって最終目的地ではないにもかかわらず、ルートとして選ばれたがゆえに移民・難民を救出し、施設に収容する役回りを引き受けざるを得ないイタリアの立場もまた辛いものがある。最近は、他のヨーロッパ諸国と同様に排外主義的な動きが目立ち始めている。

通例、こうした状況はいたって否定的なものと理解されるであろう。だが、ここではあえてポジティブな見方をしてみたい。イタリアは常に歴史の中で、さまざまな人々が往来し、それによって豊かな文化を築いてきた。昨今の移民・難民の流入も、イタリアの新たな多様化、多文化化への一つの過程なのである。

あとがき

本書は、坂井榮八郎『ドイツ史10講』(二〇〇三年)、柴田三千雄『フランス史10講』(二〇〇六年)、近藤和彦『イギリス史10講』(二〇一三年)に次ぐ、『10講』シリーズの一冊として企画されたものである。しかしながら、成立の経緯は前記三著とは異なる。『イギリス史10講』の「あとがき」に、「柴田三千雄、坂井榮八郎両先生と一緒に『10講』の最初の企画会合をもったのは、一九九七年七月だった」とあるように、先行する三著は、三人の著者の方々が自ら企画を立ち上げられ、綿密な検討を重ねた末に編まれた著作である。

これに対して、本書は岩波新書編集部の発案によるものである。もちろん執筆に際しては三著を意識し、随所で参考にしたが、問題関心や方法において、色合いのかなり異なるものになったかもしれない。その点は、読者ならびに三先生のご海容を乞いたい。

岩波新書編集部から執筆の打診を受けた時には、お引き受けすることに躊躇いも感じた。柴田三千雄先生は大学院時代の恩師である。恩師と同じシリーズに執筆者として名を連ねることができるのはとても名誉なことではあるが、他方で、下手なものを書けば今は亡き恩師の名を汚すことになるだろう。いくら恩知らずの私とはいえ、そのくらいのプレッシャーは感じたのである。

それとともに、もう一つ大きな逡巡の原因となったのが、イタリアという地域が歩んだ複雑な歴史を、的確に叙述する能力が自分にあるだろうかという不安である。

私は近現代史の研究者であり、主に一九世紀後半から二〇世紀前半を研究対象にしている。しかも、もっぱら関心を寄せてきたテーマは、移民や政治亡命といった人間の空間的移動である。イタリアという限定された地域を時間軸に沿って深く掘り下げることよりも、限定された時間の幅の中で世界全体を対象として、異なる地域や集団の接触や交流を研究することが、自分にとって性に合っていると認識している。

そのようなタイプの研究者にとって、古代から現代までの一地域の歴史を通観するというのは、とてつもないチャレンジである。最近でこそイタリアの近現代史を概観する文章を書く機会が増えたので、一九世紀以降については自分なりのイタリア史像があるのだが、一八世紀以前については、時代を遡るほどに霧の中に入っていくような状況であった。

それでも、二年あまりの時間をかけて、こうして何とか原稿を書き上げることができた。

書いたものを読み返してみると、本書には二つの特色、あるいは偏りとも言うべきものがあることに気づく。

一つは、先に述べたことの繰り返しになるが、近現代史を専門とする人間が書いたものゆえ、一九世紀以降(第7—10講)の占める比重がかなり大きいことである。イタリアを舞台にした歴史と言えば、古代ローマ帝国か、あるいはルネサンス期を思い浮かべる人が多いことであろう。そうした時代やテーマに対する関心から本書を手にした読者にとっては、本書の構成は肩透かしに思われるかもしれない。だが、イタリア史関連の書物には、古代と中近世にのみフォーカスが当てられ、近現代については添え物か、あるいは存在しないが如く扱われているものも少なくないなかで、本書のような書物があってもよいと思う。

二つめは、ローマや南イタリアに関する記述が多く、北イタリアに関する記述が相対的に少ないという点である。そうなった理由はひとえに、最初にイタリアに留学した時からローマが私にとって最も馴染みの深い都市であり、また南イタリアが最初の中心的な研究対象であったからである。かりに私がミラノに留学し、北イタリアを中心に史料調査を行うという経験を積んできたならば、本書はかなり印象の異なるものになったことであろう。「イタリア史」を書くという営為は、そういうものであると思う。

本書を執筆するうえでは、多くの方のご助力をいただいた。井上秀太郎(古代ローマ史)、三森のぞみ(イタリア中近世史)、山手昌樹(イタリア近現代史)の各氏には、それぞれご専門の時代に関して草稿をお読みいただき、さまざまなご指摘を頂戴した。とりわけ、三森さんは多くの時間を割いてくださり、事実誤認に始まり、解釈の妥当性にいたるまで、幾多の指摘をしていただいた。皆さんに深く感謝したい。もちろん、本書に瑕疵があるとすれば、それはすべて著者の責任である。

岩波新書編集部の杉田守康氏には、依頼の段階から完成まで、お世話になった。杉田氏の力強い励ましと忍耐がなければ、本書が日の目を見ることはなかった。感謝申し上げたい。

二〇一九年二月

北村暁夫

oggi, Mondadori, 1995.
Davis, John A. (ed.), *Italy in the Nineteenth Century*, Oxford U. P., 2000.
De Francesco, Antonio, *The Antiquity of the Italian Nation*, Oxford U. P., 2013.
Gentile, Emilio, *L'Italia giolittiana*, il Mulino, 1977.
Gentile, Emilio, *Il fascismo in tre capitoli*, Laterza, 2004.
Ginsborg, Paul, *A History of Contemporary Italy*, Penguin Books, 1990.
La Rocca, Cristina (ed.), *Italy in the Early Middle Ages*, Oxford U. P., 2002.
Lyttelton, Adrian (ed.), *Liberal and Fascist Italy*, Oxford U. P., 2002.
Marino, John A. (ed.), *Early Modern Italy*, Oxford U. P., 2002.
Najemy, John M. (ed.), *Italy in the Age of the Renaissance*, Oxford U. P., 2004.
Romanelli, Raffaele, *L'Italia liberale*, il Mulino, 1979.
Sabbatucci, Giovanni/Vittorio Vidotto (a cura di), *Storia d'Italia*, 6 voll., Laterza, 1993–1999.
Scirocco, Alfonso, *L'Italia del Risorgimento*, il Mulino, 1990.
Zamagni, Vera, *The Economic History of Italy, 1860–1990*, Clarendon Press, 1993.

プロスペリ，アドリアーノ（大西克典訳）『トレント公会議』知泉書館，2017年
ベヴィラックワ，ピエロ（北村暁夫訳）『ヴェネツィアと水』岩波書店，2008年
ベッカリーア，チェーザレ（小谷眞男訳）『犯罪と刑罰』東京大学出版会，2011年
堀田誠三『ベッカリーアとイタリア啓蒙』名古屋大学出版会，1996年
松本宣郎編『キリスト教の歴史』1，山川出版社，2009年
松本典昭『パトロンたちのルネサンス』日本放送出版協会，2007年
南川高志『ローマ皇帝とその時代』創文社，1995年
宮下規久朗『ヴェネツィア』岩波新書，2016年
村上信一郎『権威と服従』名古屋大学出版会，1989年
村上信一郎『ベルルスコーニの時代』岩波新書，2018年
村上陽一郎『西欧近代科学』新版，新曜社，2002年
森田義之『メディチ家』講談社現代新書，1999年
山辺規子『ノルマン騎士の地中海興亡史』白水社，1996年
ルッス，エミリオ（柴野均訳）『戦場の一年』白水社，2001年
ルーポ，サルヴァトーレ（北村暁夫訳）『マフィアの歴史』白水社，1997年
レーヴィ，プリーモ（竹山博英訳）『アウシュヴィッツは終わらない』朝日新聞社，1980年
ロメーオ，ロザリオ（柴野均訳）『カヴールとその時代』白水社，1992年

Abulafia, David, *The Two Italies*, Cambridge U. P., 1977.
Abulafia, David (ed.), *Italy in the Central Middle Ages*, Oxford U. P., 2004.
Banti, Alberto Mario, *Il Risorgimento italiano*, Laterza, 2004.
Bevilacqua, Piero, *Breve storia dell'Italia meridionale*, Donzelli, 1993.
Cammarano, Fulvio, *Storia dell'Italia liberale*, Laterza, 2011.
Candeloro, Giorgio, *Storia dell'Italia moderna*, 11 voll., Feltrinelli, 1956–1986.
Cattaneo, Carlo, *La città considerata come principio ideale delle istorie italiane*, 1858.
Cipolla, Carlo M., *Storia facile dell'economia italiana dal Medioevo a*

2017年
高津美和「宗教改革はイタリアに伝わったか」踊共二編『記憶と忘却のドイツ宗教改革』ミネルヴァ書房，2017年
高橋　進『イタリア・ファシズム体制の思想と構造』法律文化社，1997年
高山　博『神秘の中世王国』東京大学出版会，1995年
高山　博『中世シチリア王国』講談社現代新書，1999年
竹内啓一『地域問題の形成と展開』大明堂，1998年
デ・グラツィア，ヴィクトリア(豊下楢彦ほか訳)『柔らかいファシズム』有斐閣，1989年
土肥秀行・山手昌樹編『教養のイタリア近現代史』ミネルヴァ書房，2017年
藤内哲也『近世ヴェネツィアの権力と社会』昭和堂，2005年
藤内哲也編『はじめて学ぶイタリアの歴史と文化』ミネルヴァ書房，2016年
永本哲也「拡散と収束——複数形，長期，グローバルな視点による宗教改革像の黎明」『歴史学研究』975号，2018年
中平　希『ヴェネツィアの歴史』創元社，2018年
南雲泰輔『ローマ帝国の東西分裂』岩波書店，2016年
長谷川岳男・樋脇博敏『古代ローマを知る事典』東京堂出版，2004年
馬場康雄「ジョリッティ体制の危機(一)(二)」『社会科学研究』31-2，31-4，1979・1980年
ファシズム研究会編『戦士の革命・生産者の国家』太陽出版，1985年
藤岡寛己『原初的ファシズムの誕生』御茶の水書房，2007年
藤崎　衛『中世教皇庁の成立と展開』八坂書房，2013年
藤澤房俊『マッツィーニの思想と行動』太陽出版，2011年
藤澤房俊『ガリバルディ』中公新書，2016年
藤沢道郎『物語 イタリアの歴史』中公新書，1991年
ブラウン，ピーター(後藤篤子編訳)『古代から中世へ』山川出版社，2006年
フルゴーニ，キアーラ(三森のぞみ訳)『アッシジのフランチェスコ』白水社，2004年
プロカッチ，ジュリアーノ(豊下楢彦ほか訳)『イタリア人民の歴史』I・II，未来社，1984年

主要参考文献

池上俊一『フィレンツェ』岩波新書，2018 年
石田　憲『地中海新ローマ帝国への道』東京大学出版会，1994 年
石鍋真澄『サン・ピエトロ大聖堂』吉川弘文館，2000 年
伊藤　武『イタリア現代史』中公新書，2016 年
井上文則『軍人皇帝のローマ』講談社，2015 年
岩倉具忠・清水純一・西本晃二・米川良夫『イタリア文学史』東京大学出版会，1985 年
亀長洋子『中世ジェノヴァ商人の「家」』刀水書房，2001 年
北田葉子『近世フィレンツェの政治と文化』刀水書房，2002 年
北原　敦『イタリア現代史研究』岩波書店，2002 年
北原敦編『イタリア史』山川出版社，2008 年
北村暁夫『ナポリのマラドーナ』山川出版社，2005 年
北村暁夫・小谷眞男編『イタリア国民国家の形成』日本経済評論社，2010 年
北村暁夫・伊藤武編『近代イタリアの歴史』ミネルヴァ書房，2012 年
桐生尚武『イタリア・ファシズムの生成と危機 1919–1925』御茶の水書房，2002 年
黒須純一郎『イタリア社会思想史』御茶の水書房，1997 年
齊藤寛海『中世後期イタリアの商業と都市』知泉書館，2002 年
齊藤寛海・山辺規子・藤内哲也編『イタリア都市社会史入門』昭和堂，2008 年
堺　憲一『近代イタリア農業の史的展開』名古屋大学出版会，1988 年
佐藤公美『中世イタリアの地域と国家』京都大学学術出版会，2012 年
島田　誠『コロッセウムからよむローマ帝国』講談社，1999 年
シャステル，アンドレ（越川倫明ほか訳）『ローマ劫掠』筑摩書房，2006 年
シンメルペニッヒ，B.（甚野尚志ほか訳）『ローマ教皇庁の歴史』刀水書房，2017 年
高田京比子『中世ヴェネツィアの家族と権力』京都大学学術出版会，

北村暁夫

1959年，東京生まれ．東京大学大学院人文科学研究科博士課程中退
現在—日本女子大学文学部教授
専攻—イタリア近現代史，欧米移民史
著書—『ナポリのマラドーナ——イタリアにおける「南」とは何か』(山川出版社)
『千のイタリア——多様と豊穣の近代』(NHK出版)
『イタリア国民国家の形成——自由主義期の国家と社会』(共編著，日本経済評論社)
『近代イタリアの歴史——16世紀から現代まで』(共編著，ミネルヴァ書房)
ルーポ『マフィアの歴史』(訳，白水社)
ベヴィラックワ『ヴェネツィアと水——環境と人間の歴史』(訳，岩波書店) ほか

イタリア史10講　　岩波新書(新赤版)1766

2019年3月20日　第1刷発行
2023年6月26日　第4刷発行

著　者　北村暁夫《きたむらあけお》

発行者　坂本政謙

発行所　株式会社 岩波書店
〒101-8002 東京都千代田区一ツ橋2-5-5
案内 03-5210-4000　営業部 03-5210-4111
https://www.iwanami.co.jp/

新書編集部 03-5210-4054
https://www.iwanami.co.jp/sin/

印刷・三陽社　カバー・半七印刷　製本・中永製本

ISBN 978-4-00-431766-1　　Printed in Japan

岩波新書新赤版一〇〇〇点に際して

ひとつの時代が終わったと言われて久しい。だが、その先にいかなる時代を展望するのか、私たちはその輪郭すら描きえていない。二〇世紀から持ち越した課題の多くは、未だ解決の緒を見つけることのできないままであり、二一世紀が新たに招きよせた問題も少なくない。グローバル資本主義の浸透、憎悪の連鎖、暴力の応酬——世界は混沌として深い不安の只中にある。

現代社会においては変化が常態となり、速さと新しさに絶対的な価値が与えられた。消費社会の深化と情報技術の革命は、種々の境界を無くし、人々の生活やコミュニケーションの様式を根底から変容させてきた。ライフスタイルは多様化し、一面では個人の生き方をそれぞれが選びとる時代が始まっている。同時に、新たな格差が生まれ、様々な次元での亀裂や分断が深まっている。社会や歴史に対する意識が揺らぎ、普遍的な理念に対する根本的な懐疑や、現実を変えることへの無力感がひそかに根を張りつつある。そして生きることに誰もが困難を覚える時代が到来している。

しかし、日常生活のそれぞれの場で、自由と民主主義を獲得し実践することを通じて、私たち自身がそうした閉塞を乗り超え、希望の時代の幕開けを告げてゆくことは不可能ではあるまい。そのために、いま求められていること——それは、個と個の間で開かれた対話を積み重ねながら、人間らしく生きることの条件について一人ひとりが粘り強く思考することではないか。その営みの糧となるものが、教養に外ならないと私たちは考える。歴史とは何か、よく生きるとはいかなることか、世界そして人間はどこへ向かうべきなのか——こうした根源的な問いとの格闘が、文化と知の厚みを作り出し、個人と社会を支える基盤としての教養となった。まさにそのような教養への道案内こそ、岩波新書が創刊以来、追求してきたことである。

岩波新書は、日中戦争下の一九三八年一一月に赤版として創刊された。創刊の辞は、道義の精神に則らない日本の行動を憂慮し、批判的精神と良心的行動の欠如を戒めつつ、現代人の現代的教養を刊行の目的とする、と謳っている。以後、青版、黄版、新赤版と装いを改めながら、合計二五〇〇点余りを世に問うてきた。そして、いままた新赤版が一〇〇〇点を迎えたのを機に、人間の理性と良心への信頼を再確認し、それに裏打ちされた文化を培っていく決意を込めて、新しい装丁のもとに再出発したいと思う。一冊一冊から吹き出す新風が一人でも多くの読者の許に届くこと、そして希望ある時代への想像力を豊かにかき立てることを切に願う。

（二〇〇六年四月）

岩波新書より

フランス史10講	柴田三千雄
地　中　海	樺山紘一
韓国現代史◆	文　京洙
多神教と一神教	本村凌二
奇人と異才の中国史	井波律子
ドイツ史10講	坂井榮八郎
ナチ・ドイツと言語	宮田光雄
ニューヨーク◆	亀井俊介
離散するユダヤ人	小岸　昭
アメリカ黒人の歴史〔新版〕	本田創造
ゴマの来た道	小林貞作
文化大革命と現代中国	安藤正士 太田勝洪 辻　康吾
フットボールの社会史	F・P・マグーンJr 忍足欣四郎訳
コンスタンティノープル千年	渡辺金一
ペスト大流行	村上陽一郎
ピープス氏の秘められた日記	臼田　昭
西部開拓史	猿谷　要
中世ローマ帝国	渡辺金一
モ　ロ　ッ　コ	山田吉彦
シベリアに憑かれた人々	加藤九祚
インカ帝国	泉　靖一
中国の隠者	富士正晴
漢　の　武　帝◆	吉川幸次郎
孔　　子	貝塚茂樹
中国の歴史　上・中・下◆	貝塚茂樹
インドとイギリス	吉岡昭彦
フランス革命小史◆	河野健二
魔　女　狩　り	森島恒雄
ヨーロッパとは何か	増田四郎
世界史概観　上・下	H・G・ウェルズ 長谷部文雄 阿部知二訳
歴史の進歩とはなにか◆	市井三郎
歴史とは何か	E・H・カー 清水幾太郎訳
チ　ベ　ッ　ト	多田等観
奉天三十年　上・下	クリスティー 矢内原忠雄訳
ドイツ戦歿学生の手紙	ヴィットコップ編 高橋健二訳
アラビアのロレンス　改訂版	中野好夫

シリーズ　中国の歴史

中華の成立　唐代まで	渡辺信一郎
江南の発展　南宋まで	丸橋充拓
草原の制覇　大モンゴルまで	古松崇志
陸海の交錯　明朝の興亡	檀上　寛
「中国」の形成　現代への展望	岡本隆司

シリーズ　中国近現代史

清朝と近代世界　19世紀	吉澤誠一郎
近代国家への模索　1894-1925	川島　真
革命とナショナリズム　1925-1945	石川禎浩
社会主義への挑戦　1945-1971	久保　亨
開発主義の時代へ　1972-2014	高原明生 前田宏子
中国の近現代史をどう見るか	西村成雄

岩波新書より

シリーズ アメリカ合衆国史

植民地から建国へ　19世紀初頭まで　和田光弘

南北戦争の時代　19世紀　貴堂嘉之

20世紀アメリカの夢　世紀転換期から一九七〇年代　中野耕太郎

グローバル時代のアメリカ　冷戦時代から21世紀　古矢旬

(2021.10)　◆は品切，電子書籍版あり．(O3)